青天揽月的李白

少年诗词游

圆爸旭旭 —— 著

长江出版传媒 崇文书局

图书在版编目（CIP）数据

少年诗词游．青天揽月的李白／圆爸旭旭著．
武汉：崇文书局，2024. 10. -- ISBN 978-7-5403-7842-4

Ⅰ．K820.2-49
中国国家版本馆 CIP 数据核字第 20246GG238 号

选题策划：程　欣
责任编辑：程　欣
责任校对：董　颖
责任印制：冯立慧

青天揽月的李白
QINGTIAN LANYUE DE LI BAI

出版发行：	长江出版传媒　崇文书局
地　　址：	武汉市雄楚大街 268 号 C 座 11 层
电　　话：	(027)87677133　　邮政编码：430070
印　　刷：	武汉市卓源印务有限公司
开　　本：	880mm×1230mm　　1/32
印　　张：	5.5　　插页：5
字　　数：	95 千
版　　次：	2024 年 10 月第 1 版
印　　次：	2024 年 10 月第 1 次印刷
定　　价：	39.80 元

（如发现印装质量问题，影响阅读，由本社负责调换）

本作品之出版权（含电子版权）、发行权、改编权、翻译权等著作权以及本作品装帧设计的著作权均受我国著作权法及有关国际版权公约保护。任何非经我社许可的仿制、改编、转载、印刷、销售、传播之行为，我社将追究其法律责任。

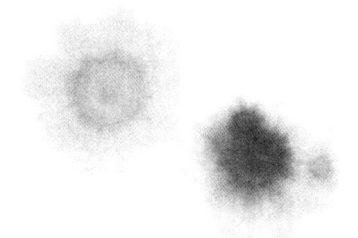

前言

假如举办一场大唐诗人选秀,你觉得谁会成为第一偶像?

从古至今都是如此,要想成为"顶流",被人传颂,而不是转瞬即逝的流星,前提是要有拿得出手的作品,要有扎实的真才实学,不然谁会认可你?谁会为你传播呢?

我想,李白称第二,没有人敢称第一。

李白,人送外号"诗仙",他可谓是引领了一个时代的风骚,将中国诗歌推向了顶峰。被无数的小学生、中学生亲切称为:"绣口一吐,就是半本语文考试重点。"

他的作品惊艳千年,感动古今,每一首都堪称经典,难以超越,连唐玄宗都慕名把他招进宫,给了他一官半职;他的朋友圈无比强悍,出现在他诗里的三教九流,总计约 400 人。有不少是当时的道士、官员和大诗人,典型的一等一的"大咖集中营"。他还是一个超级旅行达人,根据不完全统计,李白去过 206 个州县,登过 80 多座山,游览过 60 多条河川,20 多个湖潭,行程远超

二万五千里……

你看,李白的风头太盛了,他的故事可不好讲。他曾挥毫泼墨,用"天生我材必有用,千金散尽还复来"诉说着怀才不遇的乐观与狂妄;用"长风破浪会有时,直挂云帆济沧海"疾呼着实现理想抱负的坚定决心;用"两岸猿声啼不住,轻舟已过万重山"表达着赦免之后的潇洒惬意。

在李白众多的诗歌中,有一首诗尤其让人难以忘怀,那便是《宣州谢朓楼饯别校书叔云》。这首诗不仅展现了李白独特的艺术风格,更深刻地反映了他的人生经历和情感世界。其中"俱怀逸兴壮思飞,欲上青天揽明月",这句话一出来,我们脑海里就浮现了那个爱喝酒、喜交友、善写诗、常出游,快意潇洒、狂放不羁的唐代文学天才。在这两句中,李白展现了他豪放不羁的性格和对理想的执着追求。他希望能够凭借自己的才华和热情,像雄鹰一样展翅高飞,直上青天揽取明月。这种对理想的执着追求和对自我价值的肯定,让我们不禁为之一振。

"欲上青天揽明月"这句更是深入人心,成为千古绝唱。这就是李白的魅力,哪怕他自己正处在人生低谷,他的诗歌也能带给读者无限浪漫与激情。

现在,让我们吟唱着李白的诗歌,回到那个大开大合、激昂热烈的时代,寻一个诗意人间,寻一个青天揽月的李白。

| 2

目 录

第一章 少年天才（701—721）

"太白金星"转世记　　2

铁杵磨成针　　6

爱好读书的乐天派　　10

师徒情谊深　　14

第二章 云游四方（721—729）

大好春色在蜀都　　28

峨眉山上当神仙　　34

盛唐第一旅行博主　　38

救命！旅途危机　　44

  黄鹤楼，偶像来了　　　　　　　　48

第三章　初闯长安（729—742）

  长相思，在长安　　　　　　　　58

  玉真公主，你在哪？　　　　　　62

  长安的"倒霉蛋"　　　　　　　　66

  一份爱的检讨　　　　　　　　　71

  力救大唐名将　　　　　　　　　76

第四章　扬眉吐气（742—744）

  皇帝下诏，名动京城　　　　　　86

  杨贵妃赐美酒　　　　　　　　　94

  惆怅的"第一大红人"　　　　　100

  原来知己在天上　　　　　　　104

  被暗算，离别长安　　　　　　　108

第五章　再次云游（744—755）

超级迷弟"诗圣"登场　　　118
奇幻的造梦师　　　123
千古第一劝酒词　　　129
漫游天地间　　　134
狂热粉的"骗局"　　　139

第六章　获罪流放（755—762）

一心报国的老人家　　　148
噩梦降临获大罪　　　153
好运从天而降　　　158
伴月而去　　　162

第一章 少年天才
（701—721）

　　太白金星悄悄溜出天宫，朝碎叶飞去。在这小城中，有一位怀胎十月的母亲即将生下一个男孩。太白金星悄悄地告诉了这位睡梦中的母亲，他自己即将成为她的孩子，会在今后的日子里，一起享受这恣意人生，装点盛唐画卷。

青天揽月的李白

"太白金星"转世记

公元701年注定是历史上不平凡的一年,故事就从这一年开始。

在世界的东方,有一个国度,那里璀璨繁华,灯火盈门,笙歌迭奏,这就是唐朝——当时世界上无比繁荣昌盛的国家。无论才子名士,还是布衣平民,都是这盛世一景,在这里生活,真是无比逍遥快活。

此时的天宫里的太白金星看见大唐的名士醉卧可揽清芬,剑舞可动四方,他太渴望辞彩云而泛轻舟,登黄鹤而吹玉笛,感受一番这逍遥盛世。

于是他从天宫往人间看去,目光在大唐的每一寸土地上来来回回地移动,最终停留在了一座叫碎叶[1]的小城。太白金星悄悄溜出天宫,朝碎叶飞去。在这小城中,有一位怀胎十月的母亲即将生下一个男孩。太白金星悄悄地告诉了这位睡梦中的母亲,他自己即将成为她的孩子,会在今后的日子里,一起享受这恣意人生,装点盛唐画卷。

第一章 少年天才

梦醒之后，李妈妈就把梦的内容告诉了丈夫。几日之后，这位母亲顺利地生下了一个白白胖胖的小生命，为李家带来了第十二个孩子。

李家也知道这是太白金星下凡，于是他们给刚出生的小宝宝取名"白"，字太白。

李白从小非常聪慧，他爸爸几乎是从李白一出生就给他读故事，给他启蒙，稍微大一点儿又教他读书识字。到五岁的时候，小李白已经展现出了超高的天赋。

这时，父亲决定带着一家人从西域回到阔别已久的故土，他们一路向东，沿着丝绸之路前行，又一路南下，在绵州昌明（今四川江油）青莲乡安定下来。李白的父亲名叫"李客"，他叫这个名字或许因为自己是从外地迁来的，把自己当作当地的客人吧。

青莲乡风景秀美，山清水秀。早晨，远山田野都笼罩着淡淡的白雾，岸边翠竹丛生，空气新鲜而清凉，遍地湿润，烟雾像丝线一样一条条分散、缠绕、似断似连。绿草如茵的草地上还有一条小河，袒露在阳光下，远远地看去，好似一条发光的银项链。光影斑驳，景色如幻，所有的生命都在动情地歌唱。就像多年以后李白的诗境一样，明明是这世间人，却又不像这世间俗人。这里对少年时的

李白影响很深,他后来就称自己为"青莲居士"。

李白五岁开始学习"六甲","六甲"指六十甲子,是中国古代的纪年方法。它有助于儿童理解时间,是文化传承的一部分。没多久,在父亲的带领下,他就能把《子虚赋》[2]读下来了。李白小小年纪就具有极高的天赋,他的父亲便希望能够好好培养李白,将来可以通过科举入朝为官,光宗耀祖。可年少的李白对当官没有兴趣,他总是逃学,不爱读书。他就像每个心中有侠客梦的少年一样,最大的愿望是可以仗剑任侠,云游天下。

为了让李白专心致志地学习,李白爸爸把他送到眉州象耳山的象耳书院去读书。象耳书院可是寄宿制学校,那里的老师要求非常严格,这样可以让李白离开舒适的家,不再贪玩,能够更加发奋地读书。

李白跟着父亲来到了眉州象耳山,一路上,李爸爸不停地叮嘱儿子:"儿子,到了象耳山你可一定要好好读书啊,你长大了可是会成就一番大事业的!"

这时的李白可是叛逆少年,听到父亲一直啰唆,觉得很烦躁。但在唐朝,非常重视孝道,李白再不开心,也不敢顶撞父亲,只好低着头对父亲说:"知道了,父亲,儿子都记住了!"

4

第一章　少年天才

到了象耳书院，一开始李白还能老老实实地读书，可没过几天等父亲走了，他又学不进去了，不是上课的时候睡觉，就是盯着窗外的景色发呆。

其实，李白不想学，也是因为他太聪明了，老师讲授的知识他一下子就全明白了，而且还有自己的想法，所以他心中有点得意忘形，沾沾自喜了。

在象耳书院读了一年之后，他就和那里的学生混得很熟，打成了一片，不仅不认真听课，甚至还会逃课出去游山玩水了。

铁杵磨成针

李白虽然逃学游山玩水,但他在象耳书院功课仍然是最好的,老师也非常喜欢他,还常常在全班同学面前夸奖他。

这天在上课,老师对着大家慢悠悠地讲着课,老师讲的知识李白自己早就学会了,他觉得好无聊。慢慢地,李白开始走神了。他的思维飘到了教室外边:他像鸟儿们一样自由自在地飞翔在湛蓝湛蓝的天空中,洁白绵软的云朵正悠闲地飘来飘去。他张开翅膀,翱翔在山谷中、溪流上,越飞越高、越飞越远……他飞到了家乡的碎叶河上,捉到了又大又肥的鱼。又飞到了茫茫大草原上,他看见小伙伴们有的在骑马奔驰,他们扬鞭策马,好不快意;有的肆意追赶着羊群,跑累了就躺在缎子一般的草地上;还有的追赶着家乡树林里的活泼可爱的小白兔。

"真无聊,好想出去玩啊!"李白嘀咕着,"这些知识我都学会了,如果逃学出去玩一会儿,老师应该不会发现的。"

于是趁老师不注意，李白偷偷溜出了课堂。

春天是漫山遍野鲜花开放的时候，他来到山坡上玩耍，蜜蜂忙着采蜜，蝴蝶翩翩起舞。小李白高兴坏了，一会儿采野花，一会儿扑蝴蝶，就像一只撒欢的小野兔。玩着玩着来到一条清澈的小溪旁。他看到小溪里有游来游去的小蝌蚪。

"抓蝌蚪玩吧！"他撸起袖子正想抓蝌蚪的时候，忽然看到在溪边的不远处，有一位满头白发的老奶奶，正坐在一块很大的石头上"霍霍"地磨东西。李白好奇极了，慢慢地走过去，走到近处，他定睛一看，原来老奶奶正在磨一根又粗又长的铁杵。那位老奶奶磨得非常认真，也非常卖力，一下、两下、三下……一滴滴汗珠从老奶奶的额头上滚落下来，老奶奶只是抬起衣袖轻轻擦了擦汗，又继续磨那根大铁杵。

李白来到老奶奶的身边，很有礼貌地行了一个礼，轻声问道："奶奶，请问您为什么要磨这根大铁杵啊？"老奶奶头也没抬，专注地磨她的铁杵，慢慢说道："我最可爱的女儿过几年要嫁人了，我想给她绣几身漂亮的衣服。可是我家没有绣花针，只找到了这么一根大铁杵，所以我

想把这根铁杵,磨成一根细细的绣花针。"

李白一听,非常惊讶,他眉头一皱,吐着舌头,十分不理解地说:"啊!这么大一根铁杵,得磨到什么时候呀?"老奶奶笑了笑说:"没关系,我今天磨,明天磨,后天接着磨,日日磨,月月磨,日复一日,年复一年,功到自然成。铁杵就会慢慢地由粗变细,由大变小。这就叫,只要功夫深,铁杵磨成绣花针!"

"啊,对哟!滴水可以穿石,愚公可以移山,铁杵肯定可以磨成绣花针!"李白大受触动,脑海里像是打开了一扇窗,灵光一闪,突然悟到了什么。

聪慧的他一下子明白了老奶奶话里的道理,瞬间没有了游山玩水的兴致。

想到自己在学习上总是不够专心,读书怕难,经常逃学,真的远远比不上眼前的这位老奶奶啊。

于是他跟老奶奶道了别,立刻头也不回地向书院的方向跑去。回到山上书院,他就开始专心地读书。

也是从这一天开始,李白再也不仗着自己的聪明违反书院的规矩了。老师讲的知识,他要是会了就继续复习,要是有同学不会他就当老师讲给同学听,还利用业余时间广泛阅读和写作。

古朗月行

小时不识月，呼作白玉盘。

又疑瑶台镜，飞在青云端。

仙人垂两足，桂树何团团。

白兔捣药成，问言与谁餐。

蟾蜍蚀圆影，大明夜已残。

羿昔落九乌，天人清且安。

阴精此沦惑，去去不足观。

忧来其如何，凄怆摧心肝。

第一章 少年天才

　　李白学累了的时候，如果想放松一下，他就会到小溪边去看望那位磨铁杵的老奶奶。渐渐地，他和老奶奶成了忘年交。老奶奶知道了李白是书院的学生，鼓励他要努力读书，将来造福百姓，报效国家。

　　有了老奶奶的鼓励，李白从此更加专心地学习。

　　他不仅手不释卷，还善于思考，经常废寝忘食，学业大有长进。后来凡是遇到什么困难，他都会想起这位老奶奶的教诲，从而振作精神，战胜困难，勇往直前。

　　披荆斩棘，繁星为终，步步向前，总能到达璀璨星河。李白心中的荧荧之光，为他将来在诗歌创作方面取得辉煌成就，注入了强大的精神力量。

青天揽月的李白

爱好读书的乐天派

李白观察力强,写诗歌用的词语,新奇、夸张,节奏明快,读起来朗朗上口,给人耳目一新的感觉。

他的诗风,雄奇豪放,想象丰富,语言流转自然,音律和谐多变,非常善于从民间文艺和神话传说中汲取营养和素材,形成了他那特有的瑰丽奇伟的诗风,达到了盛唐诗歌艺术的巅峰,被世人传诵至今。

这和他少年时期熟读诗书是分不开的。

是不是很好奇,李白少年时期到底是读了哪些诗书,才培育了他如此深厚的文学功底和天马行空的想象力呢?

少年时的李白,不仅天资极高,而且还勤奋好学。到了十岁时,他已经读完了《诗》《书》,之后又对《楚辞》《庄子》[3]非常感兴趣,百看不厌。简直就是熟读诸子百家,通贯诗书。李白的父母及亲朋好友都对他的才华和学识惊叹不已。

十五岁时,李白就能效仿司马相如运用丰富的典故,

写出洋洋洒洒的大赋。司马相如[4]是李白小时候的偶像,他五岁时就熟读了司马相如的《子虚赋》。你或许不熟悉《子虚赋》,但里面有个成语"子虚乌有"你肯定熟悉,这个成语就来自于此,子虚和乌有是作品中虚构的两个人物。

李白还特别喜欢司马相如的《上林赋》[5],司马相如的汉赋铺排华丽,规模宏大,描绘尽致,渲染淋漓。仅用文字,就让读者在脑海中有了颜色、声音、空间、水草丰茂、动物成群的影像。少年时的李白怎能不崇拜和敬仰呢?

连鲁迅先生在《汉文学史纲要》中都把司马相如和司马迁[6]放在一起加以评论,鲁迅说:"武帝时文人,赋莫若司马相如,文莫若司马迁。"由此可见,司马相如的文学地位有多高。

《子虚赋》《上林赋》有很多的生僻字词,李白通过多通读、多背诵全文,掌握了其中的要领。

说到司马相如,他是蜀郡成都(今属四川)人,出身寒微,不仅凭借才华娶到了大名鼎鼎的才女卓文君[7],后来更是汉武帝身边的风光人物。少年时的李白,也期待着有朝一日自己能够像司马先生一样成为皇帝的座上宾。

大家常常认为李白的才华是从天而降的,是天赋高的缘故,在他的诗歌里,我们看到春风、明月、江山,只

要几杯美酒下肚,他便能绣口一吐,气象万千。可是当一首首好诗展现在我们面前时,我们更应记得他那段埋头苦学、孜孜不倦的光阴。

那时的李白,一边读书,一边游览山水,还喜欢修仙,学习剑术,崇尚任侠之风。李白少年时读书习剑的地方,在如今四川江油,那里有一座大匡山。大匡山又名戴天山,高耸于群峰之上,是一个风景秀丽的地方。山林深秀,寺院幽静,它背靠着巍峨的龙门山,下临蜿蜒曲折的让水河,还有很多悬崖峭壁和从天而降的瀑布。李白晨起舞剑挥岚,星夜秉烛破卷,如饥似渴。他听说山上有一位道家高人,便打算登门拜访。

这一天,李白来到了戴天山道观,拜会久闻大名的老道长。老道长见李白求知若渴,非常喜欢他,和他彻夜长谈,还给他介绍了两个朋友——吴筠[8]和元丹丘[9]。

两年后的初春,李白十七岁了,他又去道观拜访老道长,可事不凑巧,老道长外出云游了。怅然若失的李白倚靠在古松树干处排遣心中的遗憾,写了一首五言律诗《访戴天山道士不遇》:

12

第一章　少年天才

> 犬吠水声中，桃花带露浓。
> 树深时见鹿，溪午不闻钟。
> 野竹分青霭，飞泉挂碧峰。
> 无人知所去，愁倚两三松。

隐隐的犬吠声夹杂在淙淙的流水声中，桃花繁盛带着点点露水。树林深处，野鹿时隐时现，正午时来到溪边却听不见山寺的钟声。绿色的野竹划破了青色的云气，飞瀑高挂在碧绿的山峰。没有人知道道士的去向，只好依靠几棵古松，排遣愁思。

这是李白诗集中最早的一首诗，孜孜问道的少年李白，在蜿蜒的山路上往来，没能见到想见的人，烦恼之余，被山中景色吸引，索性将不开心丢到一边，沉浸于山川美景之间，逍遥自在。

抬头看，满天星光甚浪漫，低头看，一路繁花好灿烂。

这便是乐天派李白的性格，就算结果再糟糕，他也会在旅途的风景中找寻到自己的快乐。任何人的生活都不可能一帆风顺，只有在逆风中保持一颗乐天的心，才能不被风雨所阻，此生尽兴。

师徒情谊深

李白十八岁时,又出游梓州,为了拜见一个叫赵蕤(ruí)[10]的隐士。听闻此人不仅学贯古今,而且还好剑术,生活也极有情趣。李白便来到梓州的山野寻觅赵蕤的下落。虽然隐士赵蕤很有名,可这里群山巍峨,隐居和游玩的人也很多,要找赵蕤还真是不容易。李白一路问了很多人,才找到赵蕤住的地方。

赵蕤别号叫东岩子,是一个博学多才的人,对治理国家的方法也很有研究。李白还在象耳书院读书时,他就写成了一部中国历史上都非常有名的著作,叫作《长短经》。

这本书高妙完美,天人合一。集中了古代儒家、道家、法家、兵家和阴阳家的思想,阐述了治理国家的方法、选拔人才的方法以及人世间的善良与邪恶等方面的内容,是一本不可多得的好书。这本书在当时引起了巨大的反响,人们争相传阅。可以说,就算在现在,这本书也具有很大的借鉴价值。

当时，皇帝让大臣们都来读此书，大臣们读过之后，也都觉得赵蕤是国家的栋梁，于是，皇帝再三下诏书，让他到朝廷做大官，可是都被赵蕤婉拒了。赵蕤喜欢在风景秀丽的大匡山里做一个悠然自得的隐士。正因为这样，大家都叫他"赵征君"。

李白一直在心中暗许做赵蕤的徒弟，因此离开象耳山之后，李白最大的愿望就是能找到这位高人，拜他为师，跟他学习。

李白回到家中，看望了父母，也把自己想拜赵蕤为师的想法告诉了父亲。父亲一听，感觉很开心，儿子如此上进，必须帮他。于是李白父亲就托人到处去打听赵蕤的消息。

功夫不负有心人，经过多日的打听，经人辗转介绍，还真找着了。就在如今四川江油西北四十里地的大匡山。这山非常有意思，远远地看过去，就像一个大筐一样。

而李白要找的这位赵蕤，就住在半山腰的茅屋里。

李白和父亲带着两个随从并准备了厚礼，立刻出发去拜赵蕤为师。可是赵蕤见到李白这一行人之后，坚决不收

礼物,因为他是一个视金钱如粪土的人。而且赵蕤年纪也大了,都快六十岁了,早就不收徒弟了。

不过,赵蕤看李白目光炯炯,英气逼人,像是有学问的样子,也想试试他的学识,就考了几个问题,可这一考,可把赵蕤给惊着了。

他没想到李白不仅引经据典,旁征博引,自信从容,对答如流,还有自己独到的看法,这可让赵蕤着实刮目相看,没想到眼前这个十八岁的少年这么有才华。

赵蕤太喜欢李白了,认为他真是个好苗子,于是就答应收他做了自己的关门弟子。

李白高兴极了,他不仅找到了自己的偶像赵蕤,还如愿以偿地拜了师,做了他的徒弟。

师从赵蕤之后在大匡山里求学的那几年,李白很珍惜和老师学习的机会,他努力学习诗文、纵横术和道家的剑法。

李白本来就是一个天赋极高的人,从小他就想象力爆棚,人家给他讲神话故事,说天上有神仙,他的思绪就一下子展开了翅膀,一会遨游在天宫,一会又驰骋在人间,觉得月亮是神仙的镜子。

再加上以前积累的知识也很丰富,许多问题一经赵蕤

16

的点拨，李白就能立即领悟。赵蕤不仅嘱咐他苦读苦练，还鼓励他多出去走走，增长见识。

赵蕤的教学方法也和一般的老师不一样，他不是照本宣科，让学生死记硬背，而是师徒共同商讨。每天师徒两人，纵谈古今故事、历代杰出人物。比如三顾茅庐、鞠躬尽瘁、死而后已的诸葛亮；以合纵之策，游说各国，终佩六国相印的苏秦；还有善于奇谋巧计，为世人排难解纷，却义不受赏的鲁仲连[11]……这些杰出人物的名字和事迹深深印在了李白心中，使李白心中越发有了非凡的理想和雄心。

赵蕤十分欣赏李白，他看出李白身上的少年才气，认定他将来必定名扬天下，当然，更多的还是两人之间的惺惺相惜。他们有太多相似的性格和气质，两人很快成为了忘年交。

在山林之中，赵蕤养了上千只鸟，他每日与山鸟做伴，觉得这比入朝为官不知好了几百倍。李白便在山中帮赵蕤喂鸟，顺便思考他的人生。李白觉得养鸟可以亲近自然和享受自然，其乐趣在于可以接近鸟儿们，体会它们的生活状态，感受它们的美丽。看着鸟儿们飞翔的那一刻，李白仿佛将自己融入自然，让思绪与鸟儿一起飞翔，在诗

情画意的大自然里，尽情品味大自然美丽风景，全身心享受大自然的芳香。

赵蕤的田园世界让少年李白着了迷，他看着飞鸟享受着天地之间的自由自在，心中不禁涌起一股敬意和向往。这可比当官强多了，他天天逗鸟玩鸟，和鸟混在一起，只要他一声呼唤，鸟儿们就从四面八方汇聚过来，围在李白身边，李白成了一个不折不扣的"鸟王"。

当地太守听说了这件事，惊叹不已，觉得这是高人，想请师徒两人下山为官，而赵蕤更喜欢做隐士，这或许和他的经历有关。他在考取功名的道路上多次落榜后，就开始了田园生活，撰写书籍，他的名声比当朝许多官员都要大。少年李白此时正享受着悠闲自在的田园生活，而且他在赵蕤身上也看到了，不走科举之路也是可以名扬天下的，于是两人没有答应太守的请求。

接下来的生活，这师徒两人像朋友一样，空闲的时候，李白弹琴，师父写字。李白的琴弹得非常好，赵蕤的书法也写得非常好。

夏日的一个晚上，天上的月亮又大又亮，赵蕤和李白坐在一块大石头上，一边欣赏着山里的美丽景色，一边开怀畅饮。不一会儿，他们俩都有点醉意了。这时，赵蕤说:"徒儿,这美丽的景致,要是能再配上你动听的琴声的话,那这里过得简直就是天上神仙的日子了。"

听到老师的感叹,李白情不自禁地弹起了琴。弹着弹着,一首《山中与幽人对酌》从李白的口中吟出:

> 两人对酌山花开,
> 一杯一杯复一杯。
> 我醉欲眠卿且去,
> 明朝有意抱琴来。

我们两人在盛开的山花丛中对饮,酒兴颇浓,一杯又一杯,真是乐开怀啊。我喝醉想要睡觉,您不要再等我弹琴了,如果您余兴未尽,还想再听的话,明天早晨抱着琴再来,我好好地为您弹奏一曲。

李白问赵蕤如何才能实现自己雄心和抱负?赵蕤说:"现在人都推崇科举考试,好像考上的人,便有了远大前程。但事实并非如此,而且科考非常困难。这世上多少机智多谋的人为了科考而把自己束缚起来,规规矩矩,四平八稳,就一个大闺女一样,耽误了一生。"

李白听了这一席话连连点头,就更坚定了自己不走科

举仕途的决心，于是便向老师请教科举以外的其他道路。赵蕤说道："现在是好时候，皇帝广开才路，下诏命令五品以上官员都可直接向朝廷荐举贤才。假如你遇见伯乐，那你可以大展宏图了，你可以让别人举荐你……"老师话音刚落，李白便高声赞道："老师说得太对了！"师徒二人开怀大笑，便又痛饮了一番。

这段岁月是自由又快乐的，赵蕤将平生所学的知识和武艺都对李白倾囊相授，虚心好学的李白进步飞快，很快就掌握了这些本领。

于是，李白想出山了，他要去世间走一走，寻求那令无数人眼馋的功名。

少年意气，就是对未来满怀希望。

注释

[1]碎叶：唐时属安西都护府，在今吉尔吉斯斯坦北部托克马克附近。是著名诗人李白的出生地。

[2]《子虚赋》：司马相如代表作品。作品通过夸张声势的描写，表现了汉一代王朝的强大声势和雄伟气魄。此赋辞藻丰富，描写工丽，散韵相间，标志着汉大赋的完全成熟。里面写了子虚和乌有的故事，也是成语"子虚乌有"的由来。

第一章 少年天才

［3］《庄子》：战国时庄子及其后学所著，也称《南华经》。《庄子》内容博大精深，涉及哲学、人生、政治、社会、艺术、宇宙生成论等许多方面。

［4］司马相如：蜀郡成都（今属四川）人，西汉辞赋家。后人称之为"赋圣"和"辞宗"。他与卓文君的爱情故事广为流传。

［5］《上林赋》：司马相如代表作品，是《子虚赋》的姐妹篇，描绘了上林苑宏大的规模，进而描写天子率众臣在上林狩猎的场面。

［6］司马迁：西汉史学家、文学家、思想家。创作了中国第一部纪传体通史《史记》，被鲁迅誉为"史家之绝唱，无韵之离骚"。

［7］卓文君：西汉临邛（四川邛崃）人，中国古代四大才女之一。卓文君与汉代著名文人司马相如的一段爱情佳话至今被人津津乐道。她也有不少佳作，如《白头吟》，诗中"愿得一人心，白头不相离"堪称经典佳句。

［8］吴筠：唐玄宗、唐代宗时期的道教学者，与当时热衷道教的达官显贵多有交往。其用神仙信仰阐发老庄之道，并认为老子之道与孔孟之道实质上不矛盾，主张以道为本，纳儒入道。

［9］元丹丘：是当时著名的隐士，李白游览峨眉山时结识了在此修道的元丹丘，从此便成为一生挚友，也就是《将进

酒》里的"丹丘生"。

[10]赵蕤：号东岩子，唐代思想家，谋略大师。他视功名如粪土，视富贵如浮云。唐玄宗多次征召，他都辞而不就，过着隐居的生活。赵蕤和李白是唐代的"蜀中二杰"，以"赵蕤术数，李白文章"并称。

[11]鲁仲连：战国时期齐国人。有卓越不凡的谋略，却不肯做官任职，愿保持高风亮节。李白在《古风其十·齐有倜傥生》中写道："齐有倜傥生，鲁连特高妙。明月出海底，一朝开光曜。"表达了对鲁仲连的极高评价。

诗词延伸

初 月

玉蟾(chán)离海上,白露湿花时。

云畔风生爪,沙头水浸眉。

乐哉弦管客,愁杀战征儿。

因绝西园赏,临风一咏诗。

诗意

月亮离开了海面,白露沾湿了花瓣。云边的风,就像生出了爪子一样把云撕扯得如此凌乱。沙洲水冷,寒气已沁润了眉头。乐于管弦声声的人啊,这可愁杀了征战沙场的士兵那思乡情怀。我因而离开西园赏景,临风吟诗,遣怀以月。

诗说

少年时的李白,剑术初成,趁着月夜,抽出了与月同

辉的宝剑。宝剑出鞘，剑影无声，连同白袂飘飘的少年，已映在了大唐上空皎洁的圆月上。这首诗咏初月，李白即景抒情，风格清丽飘逸，意境清幽，由月亮引出乡愁，有月亮的地方，就会有思家的人。李白的诗里，月亮有月亮的皎洁美，山水有山水的清新美。

大鹏赋（节选）

余昔于江陵，见天台司马子微，谓余有仙风道骨，可与神游八极之表。因著《大鹏遇希有鸟赋》以自广。此赋已传于世，往往人间见之。悔其少作，未穷宏达之旨，中年弃之。及读《晋书》，睹阮宣子《大鹏赞》，鄙心陋之。遂更记忆，多将旧本不同。今复存手集，岂敢传诸作者？庶可示之子弟而已。其辞曰：

南华老仙，发天机于漆园。吐峥嵘之高论，开浩荡之奇言。征至怪于齐谐，谈北溟之有鱼。吾不知其几千里，其名曰鲲。化成大鹏，质凝胚浑。脱 qí liè 髻鬣于海岛，张羽毛于天门。刷渤澥之春流，晞扶

第一章 少年天才

桑之朝暾。燀(tūn)赫乎宇宙，凭陵乎昆仑。一鼓一舞，烟朦沙昏。五岳为之震荡，百川为之崩奔。

诗意

从前，我在江陵拜会过隐居天台山的司马子微，他说我有仙风道骨，可与他神游八方之极。于是，我就写了《大鹏遇希有鸟赋》，扩展了这个意思。这篇赋已在世上流传开了，常常可以看到它。我并不满意有这样一篇早年之作，未能穷尽宏伟旷达的意旨，中年时就把它弃置一旁了。等到后来读《晋书》，看到阮修的《大鹏赞》，我觉得它写得过于简陋了。于是重新回忆一番整理了出来，与原来流传的版本多有不同。现在又存留手稿本，怎么敢在名家作者中流传呢？只可将它拿给弟子们看看罢了。赋是这样写的：

南华真人庄子，在漆园显露出天赋的悟性。谈论的都是不同寻常的高明见解，发表无拘无束的奇特言论。从齐谐引来极其怪异的故事，谈到北海的那条神奇的鱼。说我不知这鱼究竟有几千里长，它的名字叫作鲲。鲲又变为大鹏，本体就凝结成为混沌的胚胎。在海岛上，大鹏脱去

脊鳍，向天门张开羽翅。在渤海的春天的海潮之中，把它的羽毛洗干净。在早上的阳光中，把它的羽毛晒干。大鹏浩大的声势，威震宇宙，进逼昆仑。它鼓荡翱翔，烟尘昏暗，三山五岳因之而摇摆，无数江河为之而崩奔。

诗说

　　少年的李白，想着以后会在长安一鸣惊人，大展宏图。他的激情，他的理想，全都释放在作品《大鹏赋》中。他写大鹏的勇猛，大鹏的气势，大鹏的神采；他还写了自少年起，一直在胸中奔腾的豪情壮志。大鹏成了李白洒脱气质与伟大理想的象征。他把自己比喻成大鹏，他这只大鹏鸟会翱翔天际，扬起风浪，他追逐理想的脚步不会停歇。

第二章 云游四方
（721—729）

　　一路上，他看繁花碧树，听鸟啼雁鸣。天色渐渐暗了下来，海上的一轮明月逐渐升腾起来，隐隐可见城市的灯光。原来是荆州首府——江陵到了，这儿商旅众多，市井繁华，可不逊色于成都。李白来到这里，打算多待一些日子。

大好春色在蜀都

721年,二十岁的青年李白,在江油大匡山跟随赵蕤学习结业后,拜别师尊,开始云游四方。

读万卷书,行万里路。年轻的李白意气风发,求学路上,最爱的就是游览大好河山,他开始长达五年的四川漫游。四川虽不是李白的家乡,但他在四川长大,在四川完成学业,蜀乡山水滋养了他十余年。成都作为天府之国的腹心,也在李白的诗歌里浓缩成特别的乡愁符号。

李白到达成都以后,是一定要去久负盛名的景点散花楼看看。唐代,散花楼是与黄鹤楼、岳阳楼、滕王阁等齐名的中国名楼。历代文人大家都对散花楼有过不少吟咏。

据传,隋朝初年,蜀王杨秀[1]在著名皇家园林摩诃池畔建造了一座华彩照人的塔楼,命名为"散花楼"。说起这散花楼,它还有一个非常有趣的故事。

据说在维摩诘[2]这个佛教居士的家里,当各位高人谈论佛法的时候,他的家里就会出现一名仙女,仙女会把鲜花撒到这些高人身上。奇怪的是，这些鲜花撒到菩萨身上会落下来，而撒到凡人的身上就不会落下来。即便这些凡人想把花弄下来，可花也不会落下来。

站在散花楼下，李白的眼睛不由睁大了，他不禁被这景象迷住了。

早上的散花楼是特别的，在成都的城头，朝阳照射在散花楼上，熠熠生辉。而且散花楼的装饰还很精致，是用精美的珠帘装饰的，在晨光的照耀下就显得格外漂亮。

一个极具才情的诗人对美的感受力是极强的，李白对光线和色彩特别敏感，也因此不惜笔墨去描写他所看见的晨光中散花楼散发的美。

成都被称为天府之国，有着美景和得天独厚的自然地理条件。傍晚时分，下了一场春雨，汇聚到河道，一江春水绕着郫江和流江慢慢远去。

"飞梯绿云中，极目散我忧。"李白轻快地登上高楼，四周绿树成荫，如登入了天空的云层里。极目远眺，如游览在九天之上。九天之上是神仙所在的宫殿，在李白的眼里，这里风景宜人，他的心情十分愉悦，于是写了这首《登锦城散花楼》：

日照锦城头,朝光散花楼。

金窗夹绣户,珠箔(bó)悬银钩。

飞梯绿云中,极目散我忧。

暮雨向三峡,春江绕双流。

今来一登望,如上九天游。

红日高照锦官城头,朝霞把散花楼染得光彩夺目。楼上的窗棂闪耀着金色光辉,门上的彩绘像锦绣一样美丽。珍珠串成的门帘悬挂在银色的帘钩上,凌云欲飞的楼梯升起在碧绿的树丛中。站在楼头,放眼四望,一切忧愁愤懑的情绪都一扫而空了。昏暗的暮雨潇潇飘向三峡,满江的春水环绕着双流城。今天我来此登楼而望,简直就是在九重天之上游览。

李白此次来成都的主要目的,是他想尝试着走当时流行的上升之路:举荐。

他的目标就是当时从朝廷礼部尚书贬到成都做益州刺史的苏颋(tǐng)[3]。苏颋名气非常大,很了解蜀地文化。他特别重视发掘、奖励、提拔人才,是与张说齐名的两大笔杆子之一,主掌诰令。如果被他看上加以褒扬推荐,那么李白就有希望名动天下了。

苏颋以"至公无私"著称于朝，虽然被贬到成都，但他在当地招募戍卒，开掘盐井，冶炼铁器，通过盐铁来发展地方经济，取得了不错的政绩。

苏颋家的宴会上，汇聚了各路名门才子，而李白的出现，让大都督府上的人眼前一亮。他英俊潇洒，豪气满怀，当着众高官名士毫不拘束，直接开演了一场"个人脱口秀"。精彩的言论，博得满堂喝彩；幽默的段子，引来大家哄笑。对此，李白也见怪不怪了。毕竟他从 15 岁起就开始见识一些社会名流，得到许多推崇与奖掖。

看到李白的诗与人，苏颋不禁想到蜀中前代的名人司马相如。苏颋对周围官员说："李白才华横溢，下笔精彩。虽然气概和魄力尚未成气候，但已经能看到绝伦的风骨和才华。如果他再继续博览群书，终有一日厚积薄发，可以和司马相如匹敌。"

对 20 岁的李白来说，他要的不是赞许，而是推荐去做官。因此，李白大失所望，决定回家闭门苦读。李白有感而发，在馆驿墙壁上留下了一首五言律诗《春感》：

茫茫南与北，道直事难谐。
榆英钱生树，杨花玉糁街。

尘萦(yíng)游子面，蝶弄美人钗。

却忆青山上，云门掩竹斋。

广袤的南方与北方，正道和实际情况往往难以协调。榆荚犹如铜钱，缀满树上，柳絮如玉，漫天飞舞。出外求进，往返奔波，自己脸上扑满了尘土，蝴蝶看到美人的发髻上蝴蝶形的金钗，以为是同类，于是盘旋飞舞。想起了青山上，云雾缭绕，竹篱茅舍，虽然艰苦，然而是多么的惬意。

这首诗是李白第一次在仕途上求举荐而遭遇失败所写的。他感叹南北的辽阔，道路直事情却难成，与春天的生机勃勃和美好相对照，表达了他对人生中矛盾和困难的体验和思考。"尘萦游子面，蝶弄美人钗"，进一步表达了对人生的感伤和对心灵归宿的渴求。最后李白以思念青云山上的云门和竹子掩映的小屋，暗示了他没有被举荐的遭遇和寻求心灵寄托的愿望。抒发了求进无门、孤独彷徨的心情，面对残酷的事实，不由得心灰意冷，产生了打道回府的想法。

李白寻求举荐未能成功，心情一度有些郁闷，他回到家里，带上宝剑，背着书籍，又回到大匡山读书。此后三年，李白每天晨起练剑，白天苦读，直至深夜。

　　有时候读书累了，李白就去爬山，寻幽探胜，希望能遇到神仙。他想做仙人，每当听说山顶有神仙时，就攀上绝顶，只求能见到仙人。

　　自由的李白，就像一阵风，想吹到哪里就吹到哪里。但在乡亲们的眼里，他却是个怪人，年过二十不娶妻生子，也不去考功名，反而住进了山里，一年不下几次山，三年才进了两次城，数月才回一趟家。

　　山里的美景，入了李白的眼，大自然的灵气，洗净了李白的心。他看着飞云流转，沐浴着七彩霞光。

　　此时的李白觉得：人活着，岂能任人摆布，一辈子行尸走肉！

　　要活就要活得潇潇洒洒、狂放不羁。

峨眉山上当神仙

李白毕竟不是世间俗人，想要取得功名，但他的心，是野的，是潇洒的，是不受拘束的。尽管之前求荐失败，但他也能在沿途的风景中找到让他开怀的事情。

在蜀中游历的旅途中，峨眉山闻名遐迩，是不可不去的地方。在许多游侠故事里，峨眉山都是一个不可不说的地点。这里是一个适合孕育剑仙的场所，而峨眉山本身就是一座求仙问道的仙山。

李白第一次游览峨眉山是二十岁时，当他登上峨眉山时，山上云雾缭绕，仿佛在仙界一般，让人的心变得平静，心胸也变得开阔。此时将烦恼抛于脑后，感受天地间的逍遥，宛若得到了仙人妙术，让人茅塞顿开，自己似乎变成了神仙。

如此好的神仙景致，令他想在峨眉山上学道，他幸运地遇见了在此修道的元丹丘，也就是丹丘生。

李白这一生，与元丹丘的交往时间非常久，前后共

第二章 云游四方

二十二年，元丹丘是他人生中非常重要的朋友。

两人一见倾心，共同学习的时间约为一年，这期间他俩形影不离，成了妥妥的"铁杆同学"！

这次出游，李白深深爱上了峨眉山，纵使后来他游遍万千河山，都难以忘怀峨眉山的一切。李白在峨眉山得到了仙人妙术的快乐，他在云雾中吹奏琼箫，坐在山石间弹奏瑟曲，将那颗求仙的心融于这些山景之中。古琴之声环绕身旁，有山景，有乐声，还有围绕的云雾和问道的朋友。此情此景之下，还有谁会贪恋人间的荣华富贵？只有这山林的自由，才是人间真正的快乐吧。

此时的李白，已经像一个青天揽月的仙人，他一生所作的近千首诗，从盛唐时起，就代代相传。在诗歌的世界里，他就像一阵狂风，飘然而来，又忽然而去。他是伟大的诗人，可我们更愿意称呼他为——诗仙。这或许也和他在峨眉山的心境相关。

秋天，当他置身于峨眉山间，已经是入夜时分，半轮明月高悬，流动的江水，映照出夜月皎洁的倒影，伴随着东行的小船，李白作下了《登峨眉山》。

李白喜欢峨眉仙山，尤其喜欢峨眉山的月亮，二十四岁的李白离开蜀地时，乘舟由岷江南下，在奔赴长江中下游的途中，打算再去一趟峨眉山。

这天，峨眉山的寺庙和往常一样，香烟缭绕，信徒络绎不绝。李白一袭白衣，脚步匆匆地穿过殿堂，来到方丈室，嘎吱一声，推开了雕花木门。

里面一位长老正襟危坐，神情严肃。这位法师叫史怀一，他和蜀中诗人陈子昂[4]是好朋友，两人都曾胸怀大志，但却壮志难酬。陈子昂更是在四十二岁那年遗憾辞世，留下那首家喻户晓的《登幽州台歌》："前不见古人，后不见来者。念天地之悠悠，独怆然而涕下。"

怀一法师和李白在峨眉山得缘结识，他将陈子昂留下的著作《陈拾遗集》送给了李白。李白如获至宝，在峨眉山研读数月，并为此写下天降大任的豪言："将复古道，非我而谁？"

到了秋天，李白告别了怀一长老，要去探望元丹丘。但这时元丹丘已经离开峨眉山，于是李白选择秋夜下山，在峨眉山月的清冷光辉下，由清溪乘舟出发，沿平羌江进入长江沿三峡东下。在青衣江上，依依不舍的李白写下了清朗流畅的《峨眉山月歌》：

峨眉山月半轮秋，

影入平羌(qiāng)江水流。

夜发清溪向三峡，

思君不见下渝州。

高峻的峨眉山前，悬挂着半轮秋月。在流动的平羌江上，倒映着清亮皎洁的月影。李白夜间乘船出发，离开清溪直奔三峡。想你却难相见，恋恋不舍去向渝州。

这首诗的四句，竟出现了五个地名，在全唐诗中仅此一见。就像李白不断旅行的轨迹，他用一生在行走人生，宛如月照行船，穿行于大唐江山的浩浩时空。

云开雾散，峨眉山上的月亮，最皎洁，最透亮。幽静明亮的峨眉山顶，视野开阔，一览无余，皎洁的月光洒落山上，清冷的月光与庙宇楼阁相呼应。一轮静月，就好像李白的心境，安静平和。

仙人居于何处？在李白的心中，他们似乎都住在云雾缭绕的峨眉山中。而峨眉山的游历，让李白的心变得更大更远了。如果人真能成仙，那么他应该早就登为仙人了。

这次他再游成都、峨眉，不久后离开，从而结束了蜀中游历的生活。

盛唐第一旅行博主

李白一生写诗近万首,而如今留存下来的大概只有不足十分之一。根据现存诗文的记载,千年前的李白凭借舟车和双脚,深度游走了大半个中国。

25 岁的李白,离开蜀中,开始了他的漫游生活。他沿长江东下,从重庆的巫山到了湖北的荆门。荆门是湖北宜都西北的一座山,出了三峡,就是荆门。荆门和虎牙山南北对峙,长江从两山之间穿流而过,宛如荆州的大门。过了荆门,天地之间豁然开朗,悬崖峭壁完全消失。

李白回头望了望荆门,远处变化多端的山峦好像在烟水苍茫的江面上漂浮着。碧波荡漾的江水,好像在为他送行。江水连天,那茫茫无际之处应该就是大海,那海天相接的地方,一定会出现传说中的海市蜃楼。李白遐想着这番景象,便吟出《渡荆门送别》:

第二章　云游四方

> 渡远荆门外，来从楚国游。
> 山随平野尽，江入大荒流。
> 月下飞天镜，云生结海楼。
> 仍怜故乡水，万里送行舟。

我乘舟渡江来到遥远的荆门外，来到战国时期楚国的境内游览。山随着平坦广阔的原野的出现逐渐消失，江水在一望无际的原野中奔流。天边月影好似飞上天的明镜，空中彩云结成绮丽的海市蜃楼。我依然喜爱这来自故乡之水，它奔流不息陪伴着我万里行舟。

李白欣赏着两岸景色，顿感心旷神怡，这辽阔的视野带他走入了一个崭新的天地。一路上，他看繁花碧树，听鸟啼雁鸣。天色渐渐暗了下来，海上的一轮明月逐渐升腾起来，隐隐可见城市的灯光。原来是荆州首府——江陵到了，这儿商旅众多，市井繁华，可不逊色于成都。李白来到这里，打算多待一些日子。

李白在江陵，搜集了大量的民谣，为他之后的诗歌创作打下了很好的基础。接着，李白一路向东南，经湖南的洞庭湖向江西的仙山庐山奔去。这一路，李白靠着丹丘生资助给他的银两，吃喝不愁，没过多久就来到了庐山脚下。

真是群峰壁立、树木葱郁，所以李白非常喜欢庐山，他这一生至少三次游历了庐山。庐山的有名山峰有170多座，瀑布至少有22处之多。其中最有名的瀑布叫作三叠泉。

在庐山当地，流传着这么一个传说，据说游历庐山的李白第二天来到秀峰瀑布的时候，庐山的山神其实早知道蜚声诗坛的大诗人李白来了。

山神想，我这庐山的景色这么秀美，比其他山那可是好太多了。可李白昨天已经逛了一天庐山，也看了我这庐山最为壮观的三叠泉瀑布，怎么不写首诗呀？不行，我得想想办法。山神心想得施点儿法术去引起李白的诗兴才行。

于是，庐山山神特意在第二天李白到达秀峰瀑布的时候，让这秀峰瀑布被仙气一样扑朔迷离的浓雾所笼罩，而且让这雾的浓淡、雾的位置都调配得恰到好处。在阳光照射之下，透过朦朦胧胧的光线，不仅可以看到秀峰瀑布的全貌，还特别有神秘感。同时他还加大了秀峰瀑布的水流，就等着李白到来呢。

站在秀峰瀑布下，李白被这样奇幻的瀑布吸引住了，

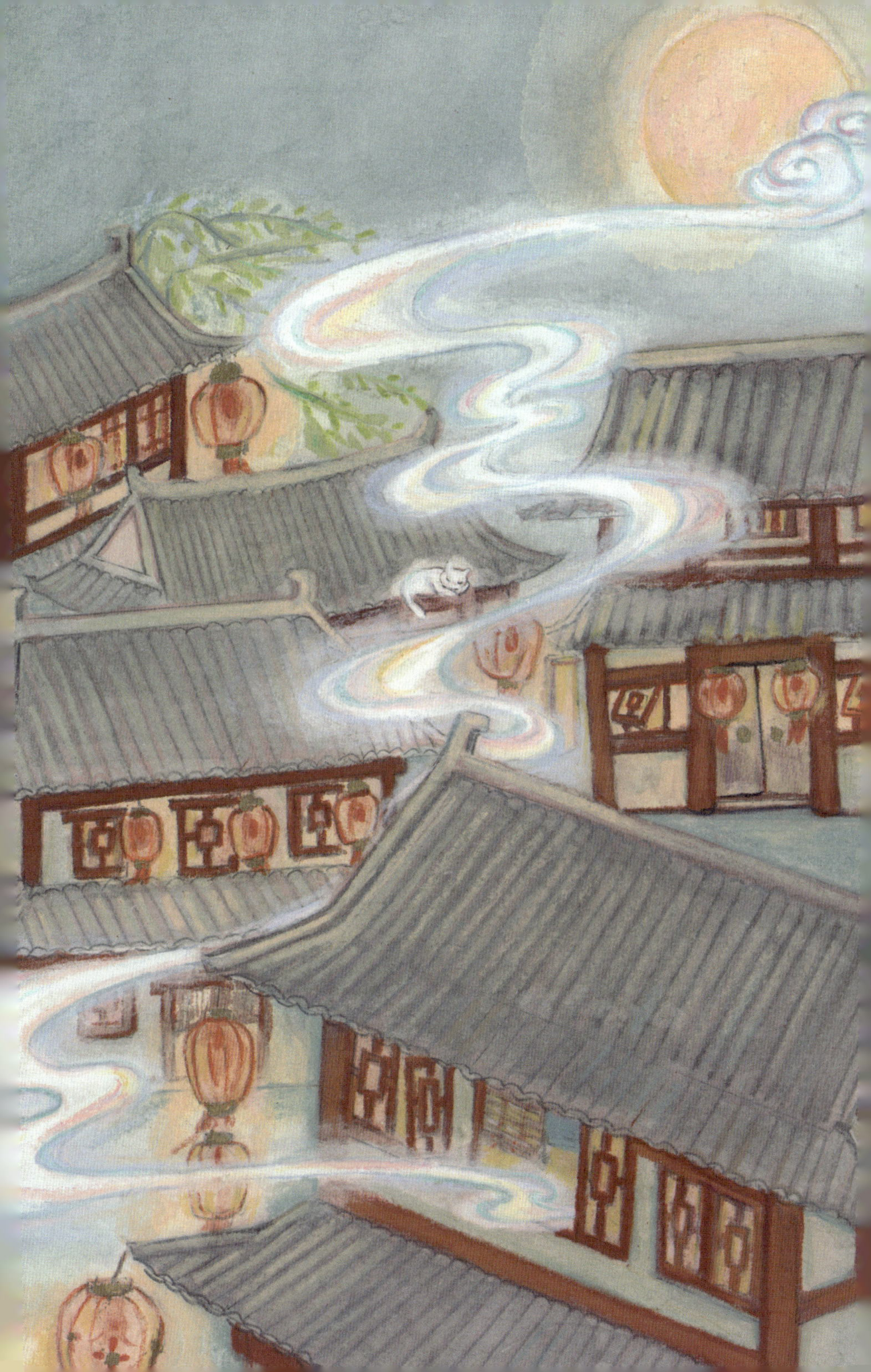

春夜洛城闻笛

谁家玉笛暗飞声,

散入春风满洛城。

此夜曲中闻折柳,

何人不起故园情。

第二章 云游四方

不由得眼前一亮。实在是太神奇了！随即他就在这秀峰瀑布前，大声地朗诵《望庐山瀑布》：

> 日照香炉生紫烟，遥看瀑布挂前川。
> 飞流直下三千尺，疑是银河落九天。

这庐山山神一听，写得太妙了，这里的美丽景色，被这首诗一写，变得更加神奇了，他非常满意。在扬扬得意之余，庐山山神赶紧派人把这首诗给其他山的山神送过去，可以显摆一下。虽然只是一个传说，但也表现了李白写的诗确实非同一般。

他去过的地方，只要写上一首诗，这个景点立刻就变得有名起来，后世文人墨客都争相前往，广告效应是杠杠的。而这一首《望庐山瀑布》，也成为描写庐山的旷世名篇，被人们广为流传。

李白生性豪爽，轻财好义，一掷千金，喜欢结交天下名士，所以朋友遍天下。

这一年李白到了金陵，就是今天的江苏南京。不过半年的时间，李白已经在金陵结识了很多朋友。离别之际，金陵的朋友们都赶来为他饯行，李白作诗《金陵酒肆留别》：

> 风吹柳花满店香，吴姬压酒唤客尝。
> 金陵子弟来相送，欲行不行各尽觞(shāng)。
> 请君试问东流水，别意与之谁短长。

春风吹起柳絮，酒店满屋飘香，侍女捧出美酒，劝我细细品尝。金陵年轻朋友，纷纷赶来相送。欲走还留之间，各自畅饮悲欢。请你问问东流江水，别情与流水，哪个更为长远？

春意正浓，酒香四溢，一切都是很美好的样子，连这次别离的愁绪都冲淡了许多。朋友之间端起酒杯，一饮而尽，把酒言欢，或许是因为年轻，即使李白告别这一群朋友，也没有太过伤心。

这场酒肆送别更像是一群朋友对未来的期望，没有再也见不到的生离死别之感，带着年轻人才有的意气风发、风流潇洒。只觉得前途正好，大家带着对未来的无限憧憬，想着什么时候能够再次相见。大家陪着李白，喝到皓月当空，直到送出金陵北门，李白坐上了去扬州的船。

李白一生写过很多送别诗，《渡荆门送别》里，李白是思念与惆怅的;《黄鹤楼送孟浩然之广陵》里,李白是欣喜和对未来充满向往的;《宣州谢朓楼饯别校书叔云》里,李白是豁达又忧愁的;而在这首《金陵酒肆留别》里,李白是开心与不舍的。

在年轻的李白眼里,世界是由诗和远方组成的,豪迈热烈的韶光,风流洒脱的个性,让李白的青春岁月高亢、激越、活力四射。在开往扬州的船上,李白觉得空气中都是那样浪漫、明丽、充满幻想,这一切看上去都是如此的美好。

船越开越远,李白在船上看着海上明月,心想怎么不够亮呢?可是他不知道,月亮也会在大海处迷茫。

救命！旅途危机

在去往东南的旅途中，李白花销很大，也没有赚钱。一路上他还常常行侠仗义，慷慨解囊，帮助他人。在扬州一年，他就散金三十余万。由于他的仗义出手，还多次遭到坏人的明抢暗算。他辞亲远游的两年时间里，用尽了从家里带出来的万两白银。

这天晚上，在扬州的客店里，店家又一次问李白催要房钱，李白已经欠了好几天的房钱了，从来不为钱发愁的李白不敢相信自己居然口袋空空了，这也是他第一次为金钱发了愁。

中秋夜里，月圆当空，月光的清辉斜照进客店的床头前，地上好像铺上了一层洁白的银霜。一阵风吹过，阵阵桂花香飘进屋来。李白看到今晚的月亮这么圆，才想起了今天是中秋佳节，不禁思念起了远在家乡的父母。眼含热泪，随口吟出一首《静夜思》：

第二章 云游四方

床前明月光，疑是地上霜。

举头望明月，低头思故乡。

这首诗简洁而深邃，将乡愁表达得淋漓尽致。思乡之情，是李白对家乡生活的回味与追忆。他思念着家乡的青山绿水，思念着亲人的欢声笑语，思念着那些曾经陪伴他度过快乐时光的人和事，思念起那些曾经让他欢笑、让他流泪的瞬间。

这一年李白26岁，习惯了挥金如土的他渐渐没有了钱，旅途变得越来越艰苦，住得差，吃得差，一直养尊处优的李白哪受得了？

也许是旅途劳累，也许是夜里着了凉，李白生病了。俗话说病来如山倒，别看李白年轻，平时还习武练剑，身体也还算是很棒的，可这一病还真不轻，头痛欲裂，咳嗽不止，浑身发烫，李白心中很是凄凉。这天夜里又下起了雨，他心中更是思绪万千，想到自己在旅途中举目无亲，也不知什么时候才能遇见真正赏识自己的人，实现理想抱负。

在贫病交加的旅途之中，他品尝着生活带来的磨难，不知道该怎么办，只有把心中的愁苦和伤感，写成古诗

青天揽月的李白

《淮南卧病书怀寄蜀中赵徵君蕤》，寄给师父赵蕤：

> 吴会一浮云，飘如远行客。
> 功业莫从就，岁光屡奔迫。
> 良图俄弃捐，衰疾乃绵剧。
> 古琴藏虚匣，长剑挂空壁。
> 楚冠怀钟仪，越吟比庄舄（xì）。
> 国门遥天外，乡路远山隔。
> 朝忆相如台，夜梦子云宅。
> 旅情初结缉，秋气方寂历。
> 风入松下清，露出草间白。
> 故人不可见，幽梦谁与适。
> 寄书西飞鸿，赠尔慰离析。

我是吴会之地的一片浮云，飘然无可依傍如同远行之客。功业无处可以成就，岁月时光奔促急迫。雄心壮志即刻放弃消失，衰老疾病日甚一日加剧。古琴放入空匣无人弹奏，长剑挂在空壁无处可用。楚囚钟仪奏乐歌吟皆用楚音心在怀楚，越人庄舄显贵不忘家乡病中仍是越声。国都之门尚在遥远的天外，还乡之路远隔崇山峻岭。清晨我忆念着司马相如的琴台，夜晚我梦见扬子云的故宅。旅途之

46

第二章 云游四方

情此时刚刚了结,秋气肃杀是凋落万物之时。风吹入林松下清冷寒冷,露水下降草间白茫茫一片。故人如今已不可见,幽幽长梦与谁人相合?托西飞鸿雁捎去一封书信,赠给你安慰那离别分隔之情。

这首诗从慨叹时间流逝、功名未成写起,而后抒写思乡、怀友之情,感情真挚自然,层次清晰,如诉如泣,抒发了病中思乡怀友的感情。这首李白早期创作的诗,还没有形成后来那种浪漫豪放的特点,但从文字的运用能力上看,却完全是一幅大家手笔,功力极其坚实。

不久,70多岁的赵蕤就收到了心爱徒儿的这封信,知道徒儿如此痛苦难过,十分担心。虽然他年事已高,身体也不好,正在吃药调理,可是他实在放心不下他心爱的徒儿李白,于是不顾家人阻拦,一定要去看望李白。

赵蕤带着仆人,雇了一只小船东流而下,心急如焚地向扬州驶去,可惜船还没到达扬州,赵蕤就因为感染风寒去世了。

病中的李白还一直不知道这件事。后来,他收到师父派人送来的钱,心情也好了很多,又调养了些日子,终于闯过了这一劫难,身体基本康复了。于是,李白又开始了他新的旅程。

黄鹤楼，偶像来了

李白28岁时来到黄鹤楼，这是他第二次造访。这一次，他要送好友孟浩然到扬州一带去漫游。前不久他得知孟浩然要去扬州，便托人带信，约孟浩然在江夏（今武汉市武昌区）相会。

早在李白24岁时，他游玩至襄阳，听说前辈孟浩然隐居在城东南的鹿门山中，特地去拜访了他。他之前就读了孟浩然的《春晓》，觉得这首诗写得很妙。当时的孟浩然早已誉满盛唐，曾经写下《早寒江上有怀》和《过故人庄》等诗作。孟浩然看了李白的诗，大加称赞，两人很快成了挚友。孟浩然热情地款待李白，并留他住了十多天。孟浩然比李白大12岁，两人际遇相近，志趣相通。虽然李白的诗风与孟浩然不同，一个热情澎湃，一个清淡幽远，但李白对孟浩然一直心怀敬意，将孟浩然看作偶像。

这次孟浩然专程来与李白相会。李白喜出望外，二人喝酒谈诗，通宵达旦。虽然在此之前李白去拜访过孟浩然，两人已经在一起相处十数日，但再见面还是有说不完的话，诉不完的情。孟浩然到了要起程的日子，李白难舍难分，便执意要送他一程，于是二人相约在江夏的黄鹤楼话别。

李白与孟浩然这次的分别，时值春和景明的三月，绿意盎然，繁花似锦。他俩携手登上黄鹤楼，顿时觉得天高地阔，楼台有意，草木含情。两人凭栏远眺，把酒言欢，李白也祝愿偶像孟浩然旅途顺利。

送君千里，终有一别。李白将孟浩然送上东去的帆船，看着那白帆慢慢消失在烟波浩渺的长江天际。那一刻，李白心中忽然升起依依难舍的情愫，但他为孟浩然与自己一样能漫游扬州，欣赏江南美景而高兴。此时他诗意涌上心头，即兴创作了一首七绝《黄鹤楼送孟浩然之广陵》：

故人西辞黄鹤楼，烟花三月下扬州。

孤帆远影碧空尽，唯见长江天际流。

在黄鹤楼下，老朋友孟浩然向我告辞，在这柳絮如烟、繁花似锦的阳春三月，他要去扬州远游。孤船帆影渐渐地远去消失在碧空的尽头,只看见长江浩浩荡荡地向着天边奔流。

两位潇洒风流的诗人之间的送别,既不是"海内存知己,天涯若比邻"那种刚毅豪情,也不是"劝君更进一杯酒,西出阳关无故人"那种深沉体贴,而是一种诗意盎然的离别。

十年之后,李白再次见到孟浩然,写下《赠孟浩然》,直接表白对孟浩然的喜欢:"吾爱孟夫子,风流天下闻。"很难想象,不可一世的李白竟然也会对一个人写出这种赞美的诗歌。只有真心遇到自己欣赏和喜欢的人,才会发出如此由衷的赞美。能得李白如此厚爱的人,何其幸福。李白一生给孟浩然写过好多诗,如《春日归山寄孟浩然》《游溧阳北湖亭望瓦屋山怀古赠同旅》等。

还有一个小故事,有史料记载称,当时有一个很有名的人叫韩朝宗,他约了孟浩然一起去长安,当时孟浩然正跟朋友喝酒,喝得非常高兴,朋友还对他说:别喝了,你跟韩先生约好要去长安的,别耽误了。这时孟浩然骂了他朋友一句,说都已经喝成这个样子了,还管他的约呢,最后也没有去赴约,还说自己不后悔。

这是孟浩然的一种性格,同时也代表了盛唐时期文人

第二章 云游四方

的普遍性格,自由、洒脱。这与李白那种狂放、不愿受拘束的性格是一样的。

李白一生来过好几次黄鹤楼,每一次来都是一个故事。话说李白第一次来黄鹤楼,就让他找到了写诗的"对手"。

年轻英俊的李白兴致勃勃地登上黄鹤楼,楼内的墙上有不少其他诗人留下的诗句,李白在登楼的过程中,全都看在了眼里。但看了一圈下来,他也没发现特别能令自己满意的诗句。他凭栏远眺,碧空如洗,远山如黛,长江水滚滚而来,在黄鹤楼下奔腾而过,他灵感迸发,想写一首黄鹤楼的诗,正待挥毫,李白抬头看见了崔颢[5]题写在上面的《黄鹤楼》诗:"昔人已乘黄鹤去,此地空余黄鹤楼。黄鹤一去不复返,白云千载空悠悠。晴川历历汉阳树,芳草萋萋鹦鹉洲。日暮乡关何处是?烟波江上使人愁。"

此时的李白已经很有名气,因为他写过不少让人称颂的诗歌,也是非常自信的,李白毕竟见多识广,他一眼看出崔颢的这首从结构、句式,到对日暮乡关的描写,还有人生归宿的感叹,都非常精妙。而且崔颢年轻有为,几年前已经高中进士,诗歌也被当时的人传诵,既然一下子写不出胜于崔颢《黄鹤楼》的诗，那就不写了。李白发出"眼前有景道不得，崔颢题诗在上头"之叹，不情愿地搁笔而去。

李白会服输吗？当然不会！他可是"诗仙"。年轻气盛的李白心头并不服气，他要寻找一个机会，与崔颢一决高下。

李白的第一次黄鹤楼之游，虽然没有在此题诗，却也成就了一段诗坛佳话。今天的黄鹤楼公园里，有清代戏曲作家孔尚任[6]倡议修建的"搁笔亭"，以纪念崔颢、李白咏诗之诗坛雅事。江山名胜，也因为诗人而增光添彩。

注释

[1]杨秀：隋文帝杨坚之子。隋文帝建立隋朝后，为稳固国家统治，将诸子分封各地为王，于是封杨秀为蜀王，镇守益州。

[2]维摩诘：早期佛教著名居士，与释迦牟尼同时，意译为"净名""无垢称"，意思是以洁净、没有污染而著称的人。

[3]苏颋：唐代政治家、文学家。进士出身，历任乌程尉、左司御率府胄曹参军、监察御史、给事中、中书舍人、太

常少卿、工部侍郎、中书侍郎，袭爵许国公，后与宋璟一同拜相，担任同平章事。苏颋是初盛唐之交著名文士，与燕国公张说齐名，并称为"燕许大手笔"。

［4］陈子昂：唐代文学家、诗人，初唐诗文革新人物之一。因曾任右拾遗，后世称陈拾遗。陈子昂存诗共100多首，其诗风骨峥嵘，寓意深远，苍劲有力。其中最有代表性的有组诗《感遇》38首，《登幽州台歌》被誉为古典诗歌中的千古绝唱。

［5］崔颢：唐代诗人。唐玄宗开元进士，官至太仆寺丞，天宝中为司勋员外郎。最为人称道的是他那首《黄鹤楼》，据说李白为之搁笔，曾有"眼前有景道不得，崔颢题诗在上头"的慨叹。

［6］孔尚任：清代戏曲家。他所著的传奇剧本《桃花扇》最具盛名，也成为他的代表作之一，时人将他与《长生殿》作者洪昇并论，称"南洪北孔"。

诗词延伸

登峨眉山

蜀国多仙山，峨眉邈难匹。

周流试登览，绝怪安可悉？

青冥倚天开，彩错疑画出。

泠然紫霞赏，果得锦囊术。
líng

云间吟琼箫，石上弄宝瑟。

平生有微尚，欢笑自此毕。

烟容如在颜，尘累忽相失。

倘逢骑羊子，携手凌白日。

诗意

　　蜀国有很多仙山，但都难以与绵邈的峨眉相匹敌。试登此峨眉山周游观览，其绝特奇异的风光景致哪里能全部领略？青苍的山峰展列于天际，色彩斑斓如同出自画中。飘然登上峰顶赏玩紫霞，恰如真得到了修道成仙之术。我在云间吹奏玉箫,在山石上弹起宝瑟。我平生素有修道学仙的愿望,自此以后将结束世俗之乐。我的脸上似已充满烟霞之气,尘世之牵累忽然间已消失。倘若遇上仙人骑羊子,就与他相互携手凌跨白日。

诗说

此诗是一首五言古诗,全篇十六句可分四段,每段四句,在结构层次上非常严整。此诗极写峨眉之雄奇无匹,真令人有人间仙境之感,难怪李白会飘飘然有想当神仙的想法了。他甚至幻想能遇到仙人葛由,跟着他登上绝顶,得道成仙。实际上当时的李白有着远大的抱负,想干一番经纶济世的大业,峨眉山奇景只是让他暂时放下了远大理想追求。此诗写寻仙访道,更多的则是李白追求纯真善美,反对虚伪丑恶的表现。

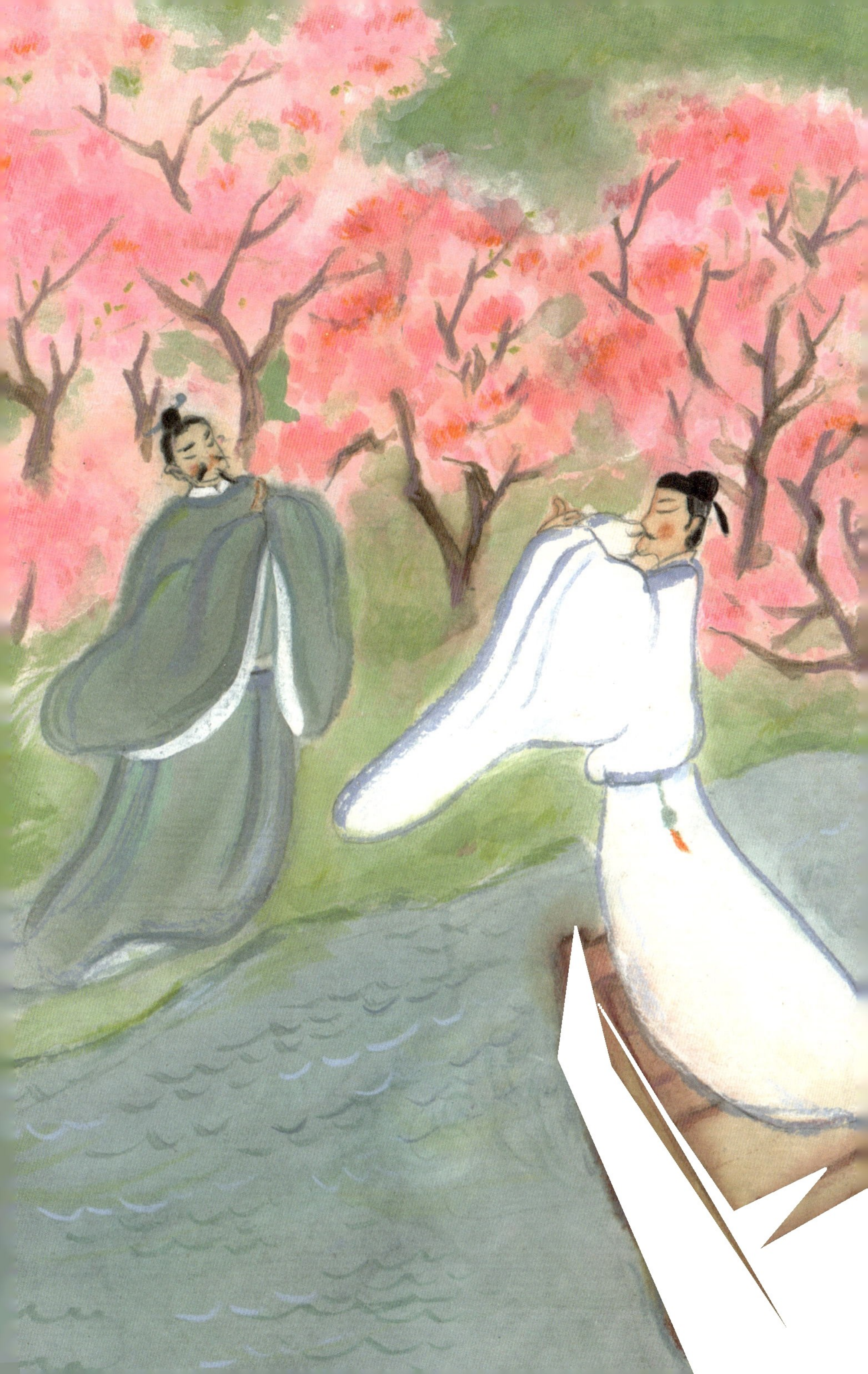

赠汪伦

李白乘舟将欲行,

忽闻岸上踏歌声。

桃花潭水深千尺,

不及汪伦送我情。

第三章　初闯长安
（729—742）

　　他跌跌撞撞地走在街上，夜半时分，街上空空荡荡，没有了人影，他喝得半醉，摇摇晃晃地走向城市的中心。朱雀门前的鳌山已经苍翠尽灭，一片孤独。广场上热闹消尽，一片狼藉。偶尔还能听到守皇城的羽林军巡逻的脚步声，伤心的李白走进了斗鸡场和赛马场，用赌来化解心中的苦闷。

长相思,在长安

送走孟浩然以后,李白回到了安陆。此时的他,已经诗名远播,虽然没有功名在身,但不少人对他还是刮目相看。

26岁的李白走了桃花运,曾经在唐高宗时期任宰相的许圉(yǔ)师[1]的后人很赏识他。虽然许圉师已经去世多年,但是许家在安陆乃是名门望族。许家赏识李白,愿意招李白为婿。李白对许家小姐非常喜欢,再加上李白这英俊帅气的长相,许家答应了这门入赘[2]的亲事。

于是李白与前宰相许圉师的孙女结婚了,安家于安陆,生了一对可爱的儿女。之后的数年,李白一直云游在湖北安陆以及长江以南、洞庭湖以北这一带。

李白过上了一段幸福的日子,但是上门女婿的现实也给他带来了很多烦恼。虽然,李白自己对上门女婿这个事看得云淡风轻,但是当地总有人会拿他入赘的事谈天说地,加以调侃嘲讽,再加上李白孤高自傲的性格,他常常在安陆与别人有不愉快的纷争。

　　李白爱喝酒天下人皆知，因为有一次醉酒，误将李长史当作朋友，不小心冲撞了长史的马车，冒犯官威，差点入狱。渐渐地，李白在安陆的生活有些艰难。

　　后来，李长史调走了，裴长史上任，因为李白名气太大，他的流言蜚语就特别多，这些坏话传到了裴长史耳边，他便信以为真。李白豪放、洒脱，并不在乎普通百姓如何诋毁自己，可是，官员的看法他还是在意的，不然会对他举荐不利，于是他认为自己应该主动跟裴长史解释沟通一下。

　　于是，李白便给裴长史写了一封信《上安州裴长史书》。李白在信中讲述了自己的经历、才华与抱负，以及自己在安陆的遭遇。他说：如果大人能以礼相待，我自然是感激不尽。倘若大人不容我在这里，我便挥手而去，西入长安。

　　李白写的自荐信和他的性格一样，洒脱而狂傲，完全没有卑躬屈膝的样子。尽管他文笔超绝，但裴长史并没有给他回复。

　　李白习惯了自由自在，婚姻也没能结束他四处游历的生活。婚后第二年，李白还是会约他的偶像在黄鹤楼见面，会和他的朋友们一起出游、赏景、喝酒、作诗，快乐自在。当然他的心里仍想要认识伯乐，为他举荐。

春天，漫山遍野的桃花盛开，山中云遮雾绕，一位上山采药的农夫，看到在林间漫步的李白，忍不住好奇发问，李白却神秘一笑，拂袖而去。此情此景，李白写下了这首《山中问答》：

问余何意栖碧山，笑而不答心自闲。
桃花流水窅(yǎo)然去，别有天地非人间。

有人问我为什么隐居在碧山，我微笑不答，心境自在悠闲。桃花盛开，流水杳然远去，这里别有一番天地，岂是人间。

李白的内心，真的像他的诗句那样闲适吗？他已经30岁了，距离自己的人生理想还很遥远。730年，他终于下定决心要到繁华的长安去。

李白来到终南山，想结交朋友，拜见王侯，寻求实现理想的机会。终南山旁就是长安城，李白对长安的相思已经有十多年了，他钦慕长安，长安就是心中的女神。在终南山上，他对长安朝思暮想，写下了这首《长相思·其

第三章 初闯长安

一》：

> 长相思，在长安。络纬秋啼金井阑，微霜凄凄簟(diàn)色寒。孤灯不明思欲绝，卷帷望月空长叹。美人如花隔云端。上有青冥之高天，下有渌(lù)水之波澜。天长路远魂飞苦，梦魂不到关山难。长相思，摧心肝。

日日夜夜地思念啊，我思念的人在长安。秋夜里纺织娘在井栏啼鸣，微霜浸透了竹席分外清寒。夜里想她魂欲断，孤灯伴我昏暗暗。卷起窗帘望明月，对月徒然独长叹。如花似玉美人呵，仿佛相隔在云端。上面有长空一片渺渺茫茫，下面有清水卷起万丈波澜。天长地远日夜跋涉多艰苦，梦魂也难飞越这重重关山。

这首诗说是相思，其实是对仕途的期待。写这诗时，李白已在长安附近的终南山居住多日，求荐始终都没有进展。苦等无果后，李白决定先离开终南山，向长安西边几个地区游览，一边游玩揽胜，一边寻找能举荐自己的机会。然而西行数日，毫无进展，他只得落寞而归，又回到终南山，继续在终南山等机会。

玉真公主，你在哪？

29岁的李白，懂得用人脉。自荐信行不通，便开始寻求伯乐。他信心满满来到长安，见到一个大人物。这人就是唐玄宗的女婿、宰相张说之子张垍。张垍答应李白，帮他引荐给玉真公主，于是将他安排住在终南山里离长安一百里地的玉真公主别馆。

在唐朝，玉真公主可不只是个简单的公主，她很喜欢结交文人，也不止一次地在皇帝面前举荐文人。而且由于生在皇家，是皇帝同胞中最小的妹妹，生来就有一种优越感。再加上有唐玄宗宠爱着她，对她几乎是百依百顺，哪个文人得到了玉真公主的看重，就很有利于仕途。所以李白的目标就是玉真公主。

这一年的秋天，连绵的阴雨笼罩终南山，不过这枯藤老树和风雨凄苦，在满怀希望的李白眼中竟也呈现出美妙的诗意。

李白日夜地等，等到花儿都谢了，依旧不见张垍引他

第三章 初闻长安

去见玉真公主。李白有点失望，于是写下这首《玉真仙人词》：

> 玉真之仙人，时往太华峰。
> 清晨鸣天鼓，飙欻（chuā）腾双龙。
> 弄电不辍手，行云本无踪。
> 几时入少室，王母应相逢。

玉真公主真是真人啊，时时去华山太华峰修道。一清早就起来叩齿鸣天鼓，练气时双龙迅速腾起。不断将全身元气聚集，如电如虹，行踪如白云来去飘忽。何时去少室山？在那里一定可以与王母娘娘相逢。

这首《玉真仙人词》写得飘逸狂放，将玉真公主描绘成九天玄女，倾注了丰沛的感情，只可惜，这时的公主却无心回应。

李白徘徊在玉真公主别馆，满怀期待中度过了四十多天，他并不知道此时的玉真公主，正身在华山，而终南山的这处别馆，已经有数年没有来了。李白问了认识玉真公主的官员，是否要继续等下去，官员说你再等等。

在继续等待中，他给这位让他等待的官员写了《玉真公主别馆苦雨赠卫尉张卿二首》作为回信。

李白等得确实异常辛苦。你看诗里写的："秋坐金张馆,繁阴昼不开。空烟迷雨色,萧飒望中来。"

他的等待始终没有结果,在长安客居几年,再三找人举荐,总是没有人帮忙。

说到身为天之骄女的玉真公主,她天生就一副叛逆性格,自幼向往逍遥自在的生活。她爱修道访名山,爱炼仙丹。皇帝哥哥就宠着她,花巨资给她修了一个又一个的雕梁画栋的道观,任她恣意妄为。20多岁时,玉真公主选择前往道观清修。

玉真公主,是公主还是道姑?不禁令人浮想联翩,一位身着素色道袍,梳着高耸道姑头的妙龄公主,通身的高贵气质,淡雅清秀,翩翩而行。她的故事,更是玄妙。

王维科考,20岁时提前锁定状元,竟都源于这位玉真公主。她还独具慧眼,为皇帝选送了不少人才。

王维15岁离开太原老家,带着一身才艺去长安赶考,结果落榜了,看来科考真没想象的那么简单。17岁时王维写下名诗《九月九日忆山东兄弟》,当时王维独自一人漂泊于洛阳和长安之间,恰遇登高节为思念家中兄弟所作。马上就要下一次科考了,他踌躇满志,再考不中可就说不过去了。

于是王维开始递帖子，拜高官。辗转被人引荐，王维认识了岐王[3]，就是杜甫写的"岐王宅里寻常见"的唐玄宗的弟弟。由于王维的博学多才，雅善音律，这下，王维的才华可算得到了岐王赏识，和岐王成为知音。于是，王维见岐王都可以不用通报随时进府。

一心帮助王维的岐王，让王维抄录好自己的经典诗作，并精心谱写了一首琵琶曲，穿上好看的乐师表演服，一切准备好等玉真公主来欣赏。那日，岐王府里热闹非凡，一位气质不凡的"乐师"演奏了琵琶曲《郁轮袍》，瞬间吸睛，博得公主瞩目。她看到了王维作品，更是高度赞赏，一番许诺。第二年，王维即高中进士[4]。

长安的"倒霉蛋"

30岁的李白走在长安街上,被长安的一切震惊了。

处于盛世的长安城,人流如织,商业繁荣,它拥有东市、西市两个全亚洲最大、最繁华的商业区。此时的长安城,有约108万的人口,可是世界上第一个人口达到百万以上的城市。

长安城各条大街,灯火辉煌。它的建筑特别多,这些建筑不仅面积大,而且格式特别美。它以朱雀街为中轴,方方正正,东西外城10公里长,南北外城10公里宽,城中相关的取水、排水、公共卫生等基础设施可谓是一应俱全,都是当时世界上最先进的设计,拿到今天都有很大的借鉴意义。

这座辉煌之都,确实让李白都叹为观止。李白来到长安城之后,先是找了个旅店安顿下来,然后四处找人举荐自己。

可是一年下来,李白找了很多达官显贵,依然苦于无人举荐。他一个人独自走在长安的街头,心中无比的落寞。他想:这么热闹繁华的长安城却没有福分可以留下来。长安的天那么高,地这么开阔,可自己为什么仍然感到压抑难受呢?为什么路走得这么磕磕绊绊,这么艰难?长安有这多名流高官,却为什么没有人为自己举荐?

此时,李白手中酒盅里的酒已经喝完了,他跌跌撞撞地走在街上,夜半时分,街上空空荡荡,没有了人影,他喝得半醉,摇摇晃晃地走向城市的中心。朱雀门前的鳌山已经苍翠尽灭,一片孤独。广场上热闹消尽,一片狼藉。偶尔还能听到守皇城的羽林军[5]巡逻的脚步声,伤心的李白走进了斗鸡场和赛马场,用赌来化解心中的苦闷。

这天,李白又遭举荐失败,他回想起这一两年来的遭遇,感到非常悲闷,他大声疾呼:"大家都在说盛世之下广开言路,可是路在何方?没有人赏识我的才华,没有人肯定我的诗篇,长安城里没有我的立足之地,让我寸步难行!怪不得南朝诗人鲍照会写出'行路难',只是鲍照生在乱世,乱世遭遇不幸也是不可避免,可我是生活在盛世,为何也如此倒霉呢?我真是这长安城里的第一倒霉蛋!"

于是李白有感而发,便写下了他的《行路难·其二》：

> 大道如青天，我独不得出。羞逐长安社中儿，赤鸡白雉赌梨栗。弹剑作歌奏苦声，曳裾(jū)王门不称情。淮阴市井笑韩信，汉朝公卿忌贾生。君不见昔时燕家重郭隗(wěi)，拥篲(huì)折节无嫌猜。剧辛乐毅感恩分，输肝剖胆效英才。昭王白骨萦蔓草，谁人更扫黄金台？行路难，归去来！

大道虽宽广如青天，唯独我没有出路。我不愿意追随长安城中的富家子弟，去搞斗鸡走狗一类的赌博游戏。像冯谖那样弹剑作歌发牢骚，在权贵之门卑躬屈膝是不合我心意的。当年淮阴市人讥笑韩信怯懦无能，汉朝公卿大臣嫉妒贾谊才能超群。你看，古时燕昭王重用郭隗，拥篲折节、谦恭下士，毫不嫌疑猜忌。剧辛和乐毅感激知遇的恩情，竭忠尽智，以自己的才能来报效君主。然而燕昭王之白骨已隐于荒草之中，还有谁能像他那样重用贤士呢？世路艰难，我只得归去啦！

李白是不甘心在悲哀失意中沉没的，他总是要飞起来。在《行路难·其一》里的结尾，有两句写得多么好：

第三章 初闯长安

"长风破浪会有时，直挂云帆济沧海！"这就是李白！他不相信像他这样的人会永远失意。他说，总有一天我会乘着强风，冲破大浪，升起我高高的帆，渡过那遥远的大海。

这天，李白在长安认识了王炎[6]。王炎也客居长安，由于没有遇到知己，准备去蜀中游历。李白和王炎一见如故，觉得有说不完的话。

王炎要离开长安，两人把酒言欢，王炎请他作一首诗，李白喝满了三杯酒，作了一首《送友人入蜀》：

见说蚕丛路，崎岖不易行。
山从人面起，云傍马头生。
芳树笼秦栈，春流绕蜀城。
升沉应已定，不必问君平。

听说从这里去蜀国的道路，崎岖坎坷不易行走。山似乎从人面前突兀耸起，云似乎傍着马的头翻涌而生。茂盛的树木笼罩着入蜀的栈道，春江碧流绕着蜀国都城流淌。人生仕途的得失进退早已注定，不必去询问擅长占卜的君平。

临别之际，李白亲切地叮嘱王炎：蜀道崎岖险阻，路上处处是层峦叠嶂，通行很困难。两个好友娓娓而谈，语调平缓自然，感情诚挚恳切。李白了解王炎是怀着追求功名富贵的目的入蜀，所以意味深长地告诫他，一个人的官爵地位和进退升沉，都早有定局，何必再去询问擅长占卜的人！

此时的李白，对生活也越来越通透了，他渴望进入官场，可他懂得了顺应自然。

这些年的磨砺，让他对生活有了一种深刻领悟：在追求功名的道路上，真正的收获或许不在外物，而是内心的平和与满足，这是一种不苛求人生的智慧，让人感受到豁达淡然的心态。

生命的意义，在于内心的觉醒与净化。李白成长了，他成为一盏温暖人心的明灯，指引自己，也照亮他人。

一份爱的检讨

不久，李白也打算离开长安回安陆，去看看许久没见的妻子。他一路游历，一路结交好友，来到了洛阳。

在洛阳，他遇见了好朋友丹丘生，这时的丹丘生刚刚离开蜀中。他们这对多年的好友真的缘分不浅，没想到又见面了。好友相见有说不完的话，他们开怀畅饮，细数他们各自的经历和感悟，通宵达旦地畅聊。

就这样，李白在洛阳停留下来。白天，他们一同畅游洛阳的名胜古迹，晚上便在客栈里饮酒畅谈，实在快乐。这一天，他们相谈正欢，忽然听一阵笛声从远处传来，是曲子《折杨柳》。笛声动听婉转，两人听得如痴如醉。听到这笛声，李白与丹丘生放下了手中的酒杯，停止了交谈。

34岁的李白心有所感，即席吟了一首《春夜洛城闻笛》：

谁家玉笛暗飞声，散入春风满洛城。
此夜曲中闻折柳，何人不起故园情。

是谁家精美的笛子暗暗地发出悠扬的笛声？随着春风飘扬，传遍洛阳全城。就在今夜的曲中，听到故乡的《折杨柳》，哪个人的思乡之情不会因此而油然而生呢？

这首诗道出了李白的心境。李白此行本来就是要回安陆的，假如不是遇见丹丘生而在洛阳耽搁了，他恐怕此时此刻已经回到了家人的身边，已经和妻子儿女温馨地在一起生活。虽然他总是漂泊在外，但他并不是冷漠无情的人，家里有妻子与儿女在等待，他怎么可能不思念呢？当听到这样如泣如诉的笛声，他又怎么能不思乡呢？

诗人总是感性的，当他和朋友在一起游玩时，他往往会忘了家人，他的心思都在祖国的大好河山里，都在和朋友的友谊里，都在他的豪情诗篇里。但这并不代表他冷漠无情，不思念他的家人，只是因为他太过乐观，这样的性格使得他在游历的时候经常忘记一切。只有当他静下心来，他才会想起他的家人，思念也是真切的。

在洛阳的这段时间里，丹丘生邀请李白一起去嵩山住一段时间，两人可以继续交流心得。本来李白答应了，但当他听到这笛声后,再也不愿在外停留片刻。他只希望立刻长出翅膀,飞回家中,看到自己的亲人,和他们待在一起。

第二天,李白坐上马车,离开了洛阳,快马加鞭地往安陆飞奔而去。

回到家,看到了忙里忙外的妻子,操持家务照顾孩子。这些年来他入仕未成,没做出什么成就,他反省自己,深深地陷入回忆中:

想当初,李白26岁在安陆和妻子相遇,很多别的女孩都喜欢找相貌英俊、腰缠万贯的官家子弟,而自己难得遇到一个不图荣华富贵,只求德才兼备的女孩儿。

结婚后,他们一起在东园种桃树,西园插杨柳,李白为妻子早起折花戴,妻子陪李白寒夜挑灯读书。两人形影不离,十分恩爱,如刀断水分不开。

对于诗歌,李白一向自负。但最让李白惊喜的是,妻子也喜欢诗,而且背的诗比他还多。

日子过了没多久,他们的女儿平阳出生了。再后来,他们的儿子伯禽也出生了,妻子整天把儿子抱在怀里不肯松手。李白总盼着平阳能像妻子一样美丽贤惠,伯禽能像自己一样聪明好学,将来能成就一番事业,光宗耀祖。

李白自己也知道，酒喝多了对身体不好。为这事，妻子也没少说他。生伯禽时妻子因大出血伤了元气，身体一直不好。按理说，李白应该多待在家里照顾妻子才对。

可由于李白是入赘，妻子的哥哥嫂嫂们成天指桑骂槐，觉得李白娶了妹妹是高攀了许家，是沾了许家的光。李白这堂堂七尺男儿，满腹经纶，才不要受这窝囊气！他宁愿天天在外面和朋友们一起喝酒，也不愿待在家里看他哥哥嫂嫂们的嘴脸。

更有无耻小人在安州府长史裴大人耳边说李白的坏话。这使得裴大人不举荐李白，李白心情很郁闷，为了消愁解闷，他喝得有点多。但他并非故意买醉，而是事出有因。

李白下定决心离开安陆。他觉得凭自己的满腹才华，肯定能遇上伯乐。等到飞黄腾达时，一定会让妻儿为他骄傲的。

李白对妻子说："夫人，我写有一首《赠内》诗，你愿意听吗？"妻子笑着点点头，李白念道：

三百六十日，日日醉如泥。

虽为李白妇，何异太常妻。

第三章 初闯长安

一年三百六十多天，我天天都烂醉如泥。你虽然是李白的妻子，却和东汉太常卿周泽的妻子没什么两样。

在一次酒醒过后，醉眼蒙眬的李白看到正在身边服侍自己的妻子，心中埋藏已久的愧意顿生。他为自己日日烂醉而后悔，为妻子得不到应有的关怀而抱歉，流露了对妻子深深的内疚。

诗中"太常妻"是一个什么样的妻子？东汉时期，周泽担任掌管皇家祭祀礼仪的太常卿，经常以洁身敬祖为由，睡在斋宫里。周泽的妻子担心他年老多病，就跑去斋宫看望他。谁曾想到，体贴的妻子，反倒招来牢狱之灾。因为在古代，祭祀前的斋戒，要求很多，其中包括不饮酒、不吃荤、不近妻妾。周泽认为，妻子的出现，冲犯了神灵，于是以违犯禁令的罪名，将妻子投入了监狱。后来用"太常妻"来指饱受冷落的妻子。

不管是曾经，还是现在，李白都觉得愧对妻子，他决定要好好陪伴妻子，可是过了一段时间，李白感到在安陆家中的岁月不是很自由，于是又和朋友出去游历名山大川。

力救大唐名将

35岁时,李白来到了太原游历。在这里,他受到了好朋友元演[7]一家的热情款待。

元演的父亲是太原的府尹,他也读过李白的诗,觉得豪情万丈,也听过李白的故事,觉得他很仗义,对李白非常敬佩。他们一家给他住最好的房间,用好酒好菜招待他。闲暇的时间,李白就和元演游览太原的美丽名胜,每天都过得很快乐。

这次太原之行,除了在太原的游历,最值得一提的是挽救了大唐名将郭子仪[8]。李白自己也没想到,当年一念之间救下郭子仪,冥冥之中却为大唐留下了一名盖世名将,也直接为大唐王朝续命了100多年。而20年后,李白犯下死罪,郭子仪力保李白不死,更为我们留下了一位古往今来独一无二的诗仙。

那日,汾河边上白雪皑皑,因为前几天刚刚下了一场大雪,动物们都没了踪影,树林里也都盖上了厚厚的雪。

第三章 初闯长安

李白和元演走出了太原城西门,两人边走边聊着诗词,李白穿着羊皮袍,神气十足。他们来到汾河边,河面已经结冰,看上去就像个溜冰场。一群孩子在河面上滑冰嬉戏,笑声银铃一般。旁边还有一队戎装的士兵正在河畔上拿着武器训练。

这时,有人大喊着"让开!让开!",只见一队骑兵飞奔过来。原来这是行刑队,他们押解着一辆囚车,囚车上的人反手被绑着,他的背上还插着一块木牌,上面写着"斩决犯郭子仪"。李白先是一惊,尽管也时常看到死囚犯,但今天所见的死囚犯和往常见到的不一样。仔细看这个死囚犯长得高大壮硕,脸色黑得发红,眉宇间泛着一股英武之气,如同张飞,却比张飞看着还要勇猛。这个死囚犯坐在颠簸的囚车里,居然毫无畏惧,面不改色,有种视死如归的气概。

因为这个人外貌十分有特点,李白觉得好像在什么地方见过,他凝神细想,一下子想起来了。原来前不久李白和元演在五台山游历归来的途中,路过一家酒店,看见酒店老板正和一个军汉发生争吵。李白上前一打听,才知道眼前的这个军汉吃了酒饭后不想付钱,而且还要无赖想打酒店老板。委屈的酒店老板死死抱着军汉的大腿,军汉一拳拳地打在老板身上，眼看老板招架不住了。见此情景，李白正想上前阻拦。"住手！"正在这时，在围观的人群中冲出来另一个更高大的军汉，他拎起那个无赖军汉的领口，教训道："兄弟，人家是做生意的，你怎么能吃白食？朝廷的粮饷难道没给你吗？以后不许这样，要是没钱花了，只管到草粮营来找我郭子仪。"接着掏出一把散碎银子帮无赖军汉代付了酒饭钱。酒店老板对仗义相助的郭子仪充满感激，不肯收银子。郭子仪说："快快收下吧，我代那个弟兄向你赔礼道歉了！"店老板听了感激涕零，擦着眼泪说："别人都说你们军汉，专门欺负我们老百姓。原来吃粮饷的人中还是有好人啊！"

这一切都被李白看在眼里，他对眼前这个高大的军汉郭子仪产生了敬佩之情，于是掏出银子来也想帮无赖军汉垫付。可郭子仪坚持酒店老板收自己的钱，深鞠一躬就匆匆忙忙地回营去了。就这样，郭子仪的名字和他的一口关中口音便留存在李白的脑海里无法忘却，才十几天，这个郭子仪怎么今天突然就变成了个死囚犯了呢？

李白和元演向行刑队头目走去，询问头目原委。头目告诉了李白：这个死囚犯郭子仪是管草料营的小头目，统领着近百人。他平时管理部属非常严格，特别叮嘱部下要小心烟火，如果烧了军用的物资，那会受到很大的处罚。那天有个士兵不小心让仓库着了火，这个士兵本应处斩，但是因为这个士兵家里还有需要照顾的老母亲，所以郭子仪把这件事隐瞒了下来——他却因此背上"玩忽职守"的罪名，按军令应该处斩，并押赴城西法场立即执行。头目对李白说自己也是奉命行事，他也觉得郭子仪罪不该死，充满了怜悯之情，很希望有人出来为他说情减刑。

李白知道了来龙去脉后，便对行刑队高喊："刀下留人！"行刑队头目见李白气宇轩昂，不是一般人，便问："你是什么人？"李白回答说："我是李白，是府尹大人的座上宾。这位是府尹大人的公子元演，扬州的元参军。"

行刑队头目说："既然有二位做保，我就网开一面，暂缓行刑。"李白立刻作揖感谢说："人命关天，请大人稍待，我们一定救下郭子仪！"

李白当下和元演一起策马加鞭进了城，面见元府尹，元府尹答应了缓刑，又查明了郭子仪犯罪的事实真相，最后以管教部属不严处罚，免除了死刑。就这样，郭子仪被李白救了下来，他牢牢记住了李白的救命之恩。如此高大的壮汉，默默流着眼泪在心里说："恩人啊，有朝一日我一定会加倍报答你的。"而豪放的李白救出了郭子仪之后，渐渐把这件事忘掉了。

对于古道热肠的李白来说，这原本只是他游历途中再平凡不过的一个小小插曲，未曾想多年以后，这个郭子仪竟成了他的续命之药。

注释

[1]许圉师：唐大臣，安州安陆（今湖北安陆）人，进士出身，博学多才。显庆二年，累迁黄门侍郎、同中书门下三品，兼修国史。三年，以修实录功封平恩县男，赐物三百段。龙朔中四迁为左相，再迁户部尚书。许圉师的孙女是诗仙李白的第一个妻子。李白在湖北襄阳，经过朋友孟浩然的撮合而结合，育有一子一女，儿子伯禽，女儿平阳。

[2]入赘：男方到女方家成婚，并成为女方家庭的成员。因同成婚后女方到男方居住，并成为其家庭成员的我国传统习俗相反，俗称"招女婿"。

[3]岐王：唐睿宗李旦的儿子，唐玄宗李隆基的弟弟，被封为岐王，本名李隆范，后为避李隆基的名讳改为李范。以好学爱才著称，雅善音律。

[4]进士：中国古代科举制度中，称会试考取后经过殿试的人。中国科举制度是中国历史上的以考试选拔官员的一种

基本制度。科举制创始于隋朝,确立于唐朝,完备于宋朝,兴盛于明、清两朝,废除于清朝末年。

[5]羽林军:是我国古代最为著名并且历史悠久的皇帝禁卫军,是护卫京城和皇帝安全的军队。

[6]王炎:唐代诗人,李白好友,著有《郊外见梅再用前韵三首》。其去世李白非常伤心,写有挽王炎的诗《自溧水道哭王炎三首》。

[7]元演:李白好友,曾与李白、元丹丘同往随州见道士胡紫阳,一度隐居仙城山。

[8]郭子仪:唐代政治家、军事家。早年以武举高第入仕从军,积功至九原太守,一直未受重用。安禄山叛乱时,任朔方节度使,率领大军东讨。从此,郭子仪成为唐肃宗、唐代宗两朝政坛上的人物。

诗词延伸

玉真公主别馆苦雨赠卫尉张卿二首·其一

秋坐金张馆,繁阴昼不开。

空烟迷雨色,萧飒望中来。

翳翳昏垫苦,沉沉忧恨催。
(yì)

清秋何以慰,白酒盈吾杯。

吟咏思管乐,此人已成灰。

独酌聊自勉,谁贵经纶才。

弹剑谢公子,无鱼良可哀。

诗意

　　秋天坐在玉真公主的别馆里,愁看天色,一片阴湿。天空烟雨迷茫,景象萧瑟,雨在眼前下个不停。阴沉多雨的天气,使人昏昏,心情十分沉重。在此清秋之际,能慰我之心的唯有眼前这满满一杯的白酒了。我吟咏怀思古代的管仲和乐毅,但他们都早已死去了。我一个人饮着闷酒，聊以古人自勉，但谁还重视治国的经纶之才呢？我也学着冯谖弹剑而歌："长铗归来乎，食无鱼！"心中充满了悲哀。

诗说

题为"玉真公主别馆"，说明了写诗的地点。"苦雨"点名环境，又直言心中苦闷。"卫尉张卿"就是张垍，卫尉是他的官职。前四句"秋坐金张馆，繁阴昼不开。空烟迷雨色，萧飒望中来"，秋又作愁。金张就是指贵族。交代了时间和心情。此情此景，怎能不令人"翳翳昏垫苦，沉沉忧恨催"。李白最爱喝酒的，心情苦闷自然要来一杯"清秋何以慰，白酒盈吾杯"。盈就是满。拿什么来排解这秋日雨天的愁苦呢？且把手中的酒杯酌满白酒，以酒浇愁吧！后六句则说到自己苦闷的原因了。最后两句"弹剑谢公子，无鱼良可哀"，弹剑说的是孟尝君门客冯谖的故事，将张垍比作孟尝君，自比冯谖，希望能得到张垍的引荐。表达了迫切寻求引荐的心情。

第四章　扬眉吐气

（742—744）

　　看着近在咫尺的梦想，李白的眼角被阳光照得有些晶莹。他觉得终于扬眉吐气，苦尽甘来了。

　　这一天，没有朝霞，也没有阳光，长安城还是以往那个平平常常的长安城，可在李白的眼里，却是个有朝霞万丈，有七色阳光洒满盛唐的长安城！

皇帝下诏，名动京城

有一天，正在家中读书的贺知章[1]偶然看到了李白的诗作《蜀道难》，被其中的豪放和豁达深深打动。他又读了李白很多的诗歌，对李白的诗歌才华推崇备至，成为李白的忠实粉丝。

说到贺知章，你一定读过"碧玉妆成一树高，万条垂下绿丝绦"，这首《咏柳》就是他写的。这个贺知章可了不得，他可是个大学霸。36岁时就顺利通过了科举考试，从此步入官场，是浙江省的第一位有资料记载的状元。

此时的贺知章是朝廷三品大员，是德高望重又身居要职的太子宾客，而李白只是一介布衣之士，因为实在惊叹于李白的才华，虽然相差42岁，但都是狂放豪迈的诗人和酒徒，注定两人会一见如故。有一天，贺知章把李白请到了家中。两人开始交流起诗文，贺知章对李白说："我太喜欢你那首《蜀道难》了，简直让我大开眼界啊！你的诗歌真是妙极了，犹如仙子般灵动，充满了仙气，莫不是谪

第四章 扬眉吐气

仙人下凡！称为'诗仙'，真是名副其实啊！"听到贺知章的赞许，李白感激不尽。从此，"诗仙"这个称号就成为李白的代名词，被人们广泛传颂。

李白的诗歌充满了激情和豪放，还有他的豁达和风骨。"诗仙"这个称号不仅仅是对李白诗歌才华的认可，更是对他独特个性的赞扬。

贺知章和李白一起喝着酒，大声地诵读着这首千古名篇《蜀道难》：

噫吁（xī）嚱，危乎高哉！蜀道之难，难于上青天！蚕丛及鱼凫（fú），开国何茫然。尔来四万八千岁，不与秦塞通人烟。西当太白有鸟道，可以横绝峨眉巅。地崩山摧壮士死，然后天梯石栈相钩连。上有六龙回日之高标，下有冲波逆折之回川。黄鹤之飞尚不得过，猿猱欲度愁攀援。青泥何盘盘，百步九折萦岩峦。扪（mén）参历井仰胁息，以手抚膺（yīng）坐长叹。

问君西游何时还？畏途巉（chán）岩不可攀。但见悲鸟号古木，雄飞雌从绕林间。又闻子规啼夜月，愁空山。蜀道之难，难于上青天，使人听此凋朱颜！连峰去天不盈尺，枯松倒挂倚绝壁。飞湍瀑流争喧豗(huī)，砯(pīng)崖转石万壑雷。其险也如此，嗟尔远道之人胡为乎来哉！

剑阁峥嵘而崔嵬(wéi)，一夫当关，万夫莫开。所守或匪亲，化为狼与豺。朝避猛虎，夕避长蛇。磨牙吮血，杀人如麻。锦城虽云乐，不如早还家。蜀道之难，难于上青天，侧身西望长咨嗟！

啊！何其高峻，何其峭险！蜀道太难走呵，简直难于上青天！传说中蚕丛和鱼凫建立了蜀国，开国的年代实在久远无法详谈。从那时至今约有四万八千年，秦蜀被大巴山所阻，从不沟通往返。西边太白山有飞鸟能过的小道。从那小路走可横渡峨眉山顶端。山崩地裂蜀国五壮士被压死了，才有了天梯栈道把秦蜀相连。上有挡住太阳神六龙车的山巅，下有激浪排空迂回曲折的大川。善于高飞的黄鹤尚且无法飞过，即使猿猱要想翻过也愁于攀援。青泥岭多么曲折绕着山峦盘旋，百步之内萦绕岩峦转九个弯。屏住呼吸仰头摸着星宿往前走，摸着胸口坐着长吁短叹。

好朋友呵请问你游历西蜀何时回还？可怕的岩山栈道实在难以登攀！只见那鸟在古树上哀鸣啼叫，雄雌相随飞

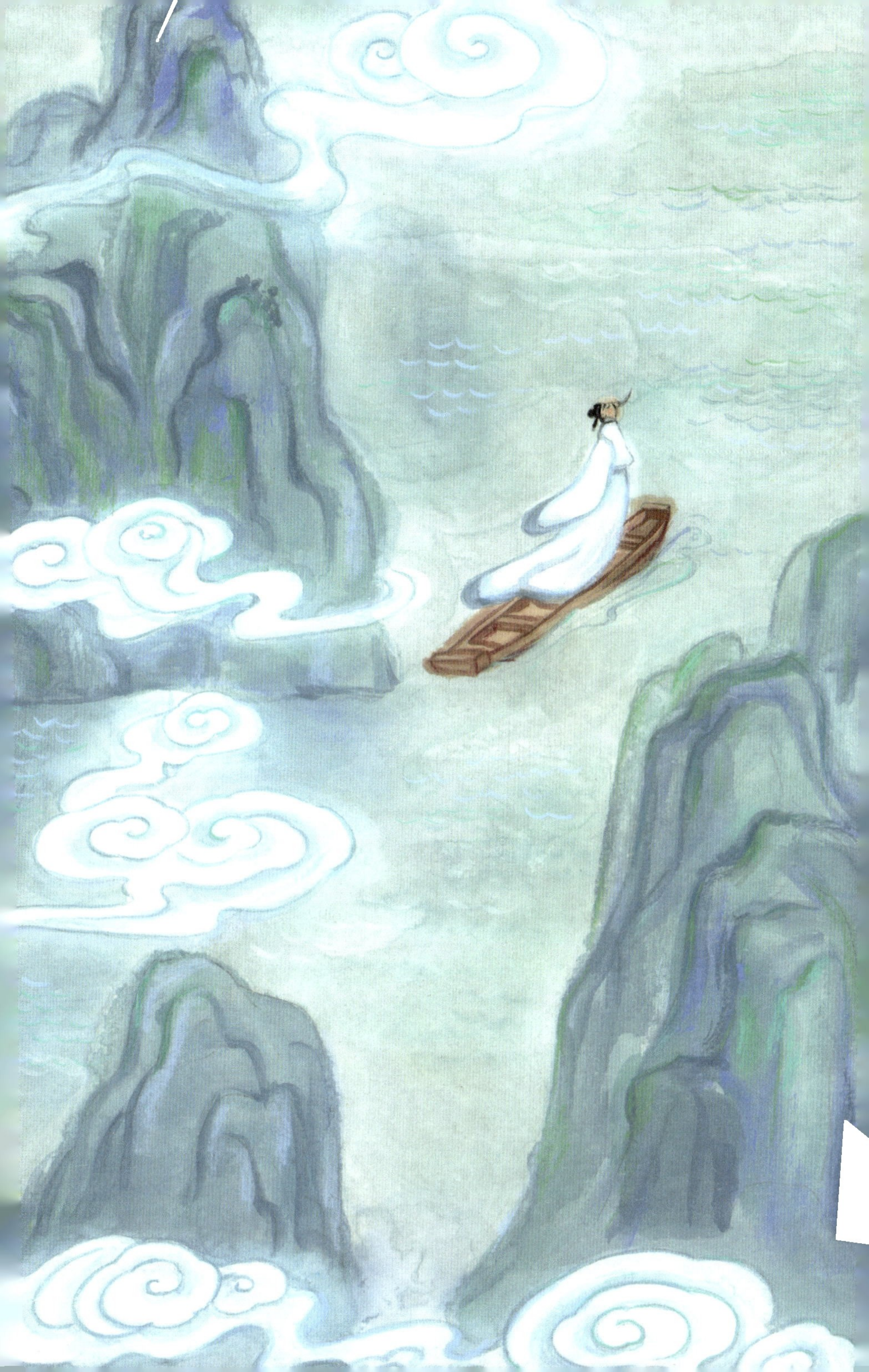

早发白帝城

朝辞白帝彩云间,
千里江陵一日还。
两岸猿声啼不住,
轻舟已过万重山。

第四章　扬眉吐气

翔在原始森林之间。月夜里又听见杜鹃声声哀鸣，悲声回荡在空山中愁情更添。蜀道太难走呵，简直难于上青天，叫人听到这些红颜也要凋残。山峰座座相连离天还不到一尺，枯松老枝倒挂倚贴在绝壁之间。漩涡飞转瀑布飞泻争相喧闹着，水石相击转动像万壑鸣雷一般。蜀道就是如此之艰难，哎呀呀你这个远方而来的客人，为了什么而来到这险要的地方？

剑门关崎岖而突兀不平，只要一人把守，千军万马难攻占。驻守的官员若不是自己的亲信，就会变作当道的豺狼踞此为非造反。清晨你要提心吊胆地躲避猛虎，傍晚你要警觉防范长蛇。它们磨牙吮血，全都杀人如麻。锦官城虽然说是个快乐的所在，如此险恶还不如早早地把家还。蜀道太难走呵，简直难于上青天，侧身西望令人不免感慨与长叹！

一首《蜀道难》受到了历代文人墨客的追捧，这也是贺知章最为推崇的佳作，他认为只有从天上被贬谪到世间的仙人，才能具有鬼斧神工的眼界与手笔。

贺知章酣畅淋漓地诵读完全诗，激动得不住点头，他对李白说："你真不是一般人啊，今天我必须要好好庆祝一下，认识了你这位谪仙人。"

贺知章非常欣赏李白的诗歌，认为他的作品充满了奇思妙想和鲜明的个性。他热情地拉着李白去喝酒，结果刚在酒肆坐下，他就尴尬地发现由于走得匆忙，没带钱。

贺知章毫不犹豫地解下腰间显示官品的金龟，这可不是一般的金龟啊，是皇上御赐的，太贵重了。贺知章拿金龟换了几壶温酒和李白畅饮。

于是，这对年纪相差42岁的酒友，在长安城的酒肆里推杯换盏，尽兴而归。

而之后，贺知章就把李白举荐给了唐玄宗。

这次会面，对于李白来说意义非凡。以至于多年之后贺知章故去，李白常常情真意切地怀念："太子宾客贺公，于长安紫极宫一见余，呼余为'谪仙人'，因解金龟换酒为乐。"

这位为官五十载，才华横溢却不争不抢，情商过人又乐观狂放的贺知章，为大唐引荐了许多贤才，又在朝堂上留下了许多美谈。

也是这一年，醉心修道的玉真公主，参加道教活动，元丹丘正好也参加这次活动，他向玉真公主推荐了李白的诗，玉真公主这才读到了那篇文采斐然的《玉真仙人词》。

第四章 扬眉吐气

此时的李白,还不知道命运的齿轮开始转动,他并不知道长安城的大明宫里,玉真公主和贺知章已向皇帝和大臣举荐了自己,并且大家已经开始传阅他的诗篇。

742年,42岁的李白,终于苦尽甘来,唐玄宗下令召李白入长安,据说诏令连下了三次。

当所有的不平都随风消散,李白也即刻忘掉远方的高山、大海,而奔往南陵,那时他的儿女暂住在那里。在李白心中,世上再没有比长安城更伟大的城市了,这一次终于可以在那里实现自己一鸣惊人、治理天下的梦想了。

在他看来,唐玄宗便是现在的明主,自己应当发奋图强,如大鹏一样,乘势而起,扶摇直上,万里翱翔,实现自己的宏图大志。

西去长安,万里之遥,李白的家中却看不到依依惜别的场景。这时候李白的第一任妻子已经去世,第二任妻子刘氏[2]正和李白闹得不可开交。李白接到皇帝的诏书,自然高兴得天昏地暗,他啃着鸡腿喝着酒,沉醉在酒劲儿的晕晕乎乎中。

这时的他,喜悦、狂放,他在家人面前扬眉吐气,得意扬扬的情绪也不遮掩了。于是写下了这首《南陵别儿童入京》:

白酒新熟山中归，黄鸡啄黍(shǔ)秋正肥。

呼童烹鸡酌白酒，儿女嬉笑牵人衣。

高歌取醉欲自慰，起舞落日争光辉。

游说万乘苦不早，著鞭跨马涉远道。

会稽愚妇轻买臣，余亦辞家西入秦。

仰天大笑出门去，我辈岂是蓬蒿人！

  白酒刚刚酿好时我从山中归来，黄鸡在啄着谷粒秋天长得正肥。呼唤童仆为我炖黄鸡斟上白酒，孩子们嬉笑着牵扯我的布衣。一面高歌，一面痛饮，欲以酣醉表达快慰之情；醉而起舞，闪闪的剑光可与落日争辉。苦于未在更早的时间游说万乘之君，只能快马加鞭奋起直追开始奔远道。会稽愚妇看不起贫穷的买臣，如今我也辞家西去长安。仰面朝天纵声大笑着走出门去，我怎么会是长期身处草野之人？

  这首诗是对李白生命中一个重要转折点的描写，入京代表着李白正式走上了仕途。此时，李白的心情是喜悦的，神采飞扬、意气风发全都化入了酒香之中。在诗的开头，李白最初知道了这个消息后异常兴奋，在如此大快人心之时，呼童烹鸡置酒，动作流畅。他沉醉在快意之中，情难自禁，拔剑起舞，酣畅淋漓。诗的最后两句，他发出了时代的最强音："仰天大笑出门去，我辈岂是蓬蒿人！"

李白想到自己人生大志不得施展的时候，被身边不理解自己的人的嫌弃和轻视。现在一切都不存在了，得意之态溢于言表。他写这首诗是为了和自己的孩子们告别，所以诗名中提到了儿童。但是从这首诗表现出来的情感看，真正高兴得像个孩子一样的是李白自己。

"仰天大笑出门去，我辈岂是蓬蒿人！"这个时候的李白，多么像未经世事，却又壮志满怀的年轻人。他自命不凡，心比天高。以为水阔凭鱼跃，天高任鸟飞，凭着自己的一腔孤勇，可以闯出一番事业。

杨贵妃赐美酒

　　李白奉诏入京。他看着前方繁华的宫殿，每走一步，心情就忍不住激动一分，因为这代表距离他心中所认为的梦想又进了一步。

　　为了入朝当官，这是他第三次入长安了。在安陆时，他多次谒见裴长史，但迎接他的是紧闭的大门；第一次去长安渴望被举荐，也是紧闭的大门；多次求见于各大王公大臣，迎接的是多次闭门羹。

　　看着近在咫尺的梦想，李白的眼角被阳光照得有些晶莹。他觉得终于扬眉吐气，苦尽甘来了。

　　这一天，没有朝霞，也没有阳光，长安城还是以往那个平平常常的长安城，可在李白的眼里，却是个有朝霞万丈，有七色阳光洒满盛唐的长安城！

　　李白阔步走进偌大的宫殿，里面宝气弥漫，他却步伐轻快如燕，毫不惶恐。

　　玄宗皇帝亲自相迎，李白俯首谢恩，周边的文武百

第四章 扬眉吐气

官全都立在原地，交头接耳，一片哗然。贺知章对李白笑着，面露祥和。他听到大家的喧哗，他们吵嚷着，震惊着，惊讶着："仙人下凡！"

贺知章对他笑着抿唇轻声说了一个词，声音不大，他却听得清清楚楚："谪仙人！"

是啊，这才是诗仙的礼遇！

李白有些想落泪，为了这一刻，他竟然等了数十年。骄傲的李白，洒脱的李白，若不是因为想当官，怎么会一次次地求别人，又一次次吃着闭门羹。

他想要的，便是做官。是大丈夫谈笑之间的安定天下！求的就是治国安邦！

李白也确实是不同凡响的，当时不参加科举，只是以诗人的身份就能昂首挺胸走进皇宫，成为皇帝的座上宾的。在整个中国历史上，李白是第一个，也是唯一的一个。

唐玄宗将这位才华横溢的布衣诗人，安排在大唐翰林院。其实就是皇帝身边的顾问，陪皇帝玩的文学待诏。

此时的玄宗皇帝，已经五十多岁了，在他的励精图治下，大唐呈现出前所未有的兴盛局面。但现在他老了，除了对美人、艺术和神仙感兴趣以外，别的事都让他感到无趣和厌倦。

春天,大明宫中的牡丹万紫千红,争奇斗艳。玄宗皇帝正同自己最宠爱的贵妃杨玉环漫步在花园。说到杨玉环,她可是非常出名的。在我国的历史上,有著名的"四大美女",她们在文人墨客的心中已经代表了古时女子美貌的巅峰。西施、貂蝉、王昭君和杨玉环,每一位都有着非常多的故事与歌颂的诗文,"闭月羞花之貌,沉鱼落雁之容"也被后世用来形容女子的美丽。名景与美人交相辉映,玄宗皇帝兴致大好,命令宫廷乐师李龟年[3]奏乐助兴。

但演奏刚刚开始,却被皇帝叫停,玄宗皇帝和杨玉环都是很有文化的人,尤其是博学多识的玄宗皇帝,这等美景激发了他心中的诗兴,他想:赏名花,对妃子,岂可用旧的乐词呢?苦于没有好的思路,就召当时正在宫中供奉翰林的李白进宫作诗。

于是李龟年马上带人出宫要去找李白,随从们都纷纷议论道:"这么大一座长安城,到哪里去寻李白啊?"李龟年微笑不语,直奔城中最大的酒楼而去。

爱喝酒的李白正是在酒楼里喝酒,他现在已经喝醉了,正在打鼾。李龟年急得一跺脚,走到窗口向楼下扬手

第四章　扬眉吐气

一招。七八个随从"噔噔噔"一齐上楼,不由分说地将李白抬下楼,直奔宫门而去。

来到圣驾面前,玄宗皇帝见李白酒还没醒,就命宫女用甘泉水喷李白。被喷了一头冷水的李白从酣醉中惊醒,见已在天子和贵妃面前,大惊得俯伏在地:"陛下恕臣失礼!"玄宗皇帝微笑着亲手搀起李白:"朕今日同贵妃赏名花,不可无新词,所以召卿前来。"

此时的李白,已43岁,自离乡远游后,他的仕途一直十分坎坷。这一翰林的职位也是经由贺知章和玉真公主推荐才得到玄宗皇帝的赏识,这个过程可是十分不容易的,所以他很珍惜。纵使天下文人都不屑于写诗文去讨好皇帝和贵妃,但二两酒下肚,诗仙的眼中只有诗而不是这个世界了。

李白应道:"既然如此,请赐臣文房四宝。"一旁李龟年立即递上纸笔。李白醉意蒙眬,大笔连挥,《清平调》三首横空出世,三首层层递进,互相联系,极力赞美杨贵妃,令玄宗皇帝拍手叫绝。

其一

云想衣裳花想容,春风拂槛露华浓。

若非群玉山头见,会向瑶台月下逢。

其二

一枝秾(nóng)艳露凝香,云雨巫山枉断肠。

借问汉宫谁得似,可怜飞燕倚新妆。

其三

名花倾国两相欢,长得君王带笑看。

解释春风无限恨,沉香亭北倚阑干。

写美人是很难的,可以写她的皮肤有多白,她的身材有多好,写她是丹凤眼还是桃花眼,写她是含珠唇还是覆舟唇,但是这些,都无法表达出一个绝世美人的风采。

李白的巧妙之处,就是他根本不直接描写杨贵妃的外貌,而是去写这个盛唐绝世美人给人的心灵震撼。

第一首诗中,李白用比喻、拟人、想象等手法从侧面表现了杨贵妃极致的美。云想跟她的衣裳相比,花想跟她的容貌相比,这是杨贵妃的风姿。春风吹拂,牡丹花凝露而开,这是杨贵妃的神态。第二首诗中,李白连用巫山神女和赵飞燕来反衬杨贵妃的美。第三首诗写杨贵妃的美,让盛唐皇帝唐玄宗忘记了人生的苦恼。

这三首《清平调》好比长江三叠浪,一浪高过一浪。玄宗皇帝拍手叹道:"爱卿这样的人才,果然是天上才

第四章 扬眉吐气

有啊！"玄宗皇帝当即命李龟年奏乐，自己也亲自吹起玉笛，一派歌舞升平的景象。杨贵妃大喜，一连敬了李白三杯西凉葡萄美酒。

酒兴中杨贵妃随歌起舞，看上去似醉非醉，恍若仙女下凡，这一段便称为"贵妃醉酒"。

当下玄宗皇帝赏赐李白可遍游皇宫内苑的特权，又令内侍推了一小车美酒紧随李白的身后，让他随便畅饮。自此以后，只要有宫中内宴，李白每次都会被召，连杨贵妃也对他十分敬重。

惆怅的"第一大红人"

李白凭着才华横溢，成为御用文人，陪伴在皇帝的左右，伴随在杨贵妃的身旁，身穿宫锦袍，赏群芳艳！可他是李白，不该是盛唐的吉祥物，不该只是作作诗，不该每天伴随在杨贵妃的身旁，为她作诗，为他人作诗。他要的不是这些！

李白进宫之后发现，玄宗皇帝很少去大明宫上朝了，平时多居住在兴庆宫。由于经常被差遣，于是李白从大明宫的翰林院搬到了兴庆宫的翰林院，这样就守候在皇帝身边，可以随时听从召唤。上面又派了两名宫女专门侍候李白，他倒也没什么要自己打点的。而且现在的伙食也比以前好多了，每天除了鸡鸭鱼肉，还有皇帝赏赐给他的美酒。衣服应有尽有，而且都是上好的料子裁剪的。杨贵妃怕他寂寞，还特赐了李白一只进贡的鹦鹉。鹦鹉立在珊瑚架上，用一条黄金做的小链系着，挂在屋前。它吃着进贡来的香稻，还时不时背着李白的诗，倒也挺有趣。

第四章 扬眉吐气

李白在宫中要吃的有吃的,要穿的有穿的,要玩的有玩的,真是要什么有什么。不仅翰林院的人望尘莫及,就连很多文武官员也是羡慕不已。那些有头有脸的王公贵族经常来请他赴宴,唯恐他不赏脸。李白也是忙得不得了,常常这里的宴会还没结束,那里就早早派人在等候他了。真是应接不暇,片刻也不得空,他成了长安城里第一大红人。

虽然李白很忙,但是他有点烦,有点苦闷。因为,他心中一直想做的,是治国平天下,是安邦定国。为此,他努力了这么多年,等了这么多年,用尽了一切办法,要的不是仅仅陪皇亲国戚饮酒作乐。

但在皇帝看来,他已经为李白提供了一个最合适的职位,按照李白这种豪放洒脱、不拘小节的个性,不当翰林待诏,难道要当丞相不成?

李白43岁了,他总是心头闷闷不乐,这天李龟年过来问他要新词,李白便随便写了一首给他,诗名叫《乌夜啼》。

第二天李龟年过来,李白又给了一首《春思》:

燕草如碧丝，秦桑低绿枝。

当君怀归日，是妾断肠时。

春风不相识，何事入罗帏(wéi)？

燕地小草像碧丝般青绿，秦地的桑树已叶翠枝绿。当你怀念家园盼归之日，早就思念你而愁肠百结。春风啊你与我素不相识，为何吹进罗帐激我愁思？

又过了几天，李龟年又来李白这里，说高力士传旨，要一首《子夜四时歌》，于是李白就随手写了《子夜四时歌四首》，其中《子夜四时歌·秋歌》最为出名：

长安一片月，万户捣衣声。

秋风吹不尽，总是玉关情。

何日平胡虏，良人罢远征。

长安城上一片明月，千家万户都传来阵阵的捣衣声。秋风吹不尽的是，思妇们对玉门关外的绵绵的思念之情。何日才能扫平胡虏，夫君从此不再远征。

诗中丈夫去打仗了，妻子秋夜思念远征边疆的丈夫，希望早日结束战争，丈夫早点回家团聚。字字渗透着真挚情意，虽没有谈时局，却没有脱离边塞诗的风韵。

诗中的"玉关情"，不仅仅是妇女的思夫之情，还有着深深的爱国情怀。李白希望能够平定四方，让百姓不再遭受分别之苦。他在这首诗里表达了心系苍生、安民济世的志向。

虽在宫中却不能得到重用的李白，不正如捣衣的女子一样，为了心中的那个"梦"，失意而忧愁，期待而深情。

李龟年看了看这首诗，啧啧称赞，说："写得真好，不过你最近怎么写的都是边塞诗呢！"

李白喝了口酒，眼睛看向远方，轻声地说："可能是我思念在边疆的亲人了吧！"

原来知己在天上

44岁的李白,虽然人在皇帝身旁,但此时的皇帝只是让李白侍宴陪酒,并无重用之意。李白感受到了不被重用,满腔热忱却报国无门,一身才能却无用武之地,他的宏伟抱负无法施展。李白每天只是为皇帝和贵妃写几首诗,看着他们醉生梦死。朝中一些权贵对他不满,许多人嫉妒他的才学,对他进行诋毁和排挤,很少有人主动和他亲近了,看到他都躲得远远的。

李白的好朋友本来就那么几个,现在越来越少了。想到自己的好朋友贺知章因为不合皇帝的心意,已经被送出长安城,回镜湖边养老去了。

他还想到父母已经去世了,最疼爱他的师父赵蕤也去世了,一个一个他最亲爱的人都离他而去了。想到师父赵蕤,他的眼睛里充满了泪水,那个一直相信他会做一只大鹏的师父因为担心他而去世了,而师父眼中的大鹏到现在也没有大展抱负。他又想起了他去世的夫人。那些真正懂

第四章　扬眉吐气

他的人都不在身边，他越想越难过了。同时，他的内心感觉知音难觅，伯乐难遇。

以前，李白接触不到皇宫，现在，他接触到了！盛世之下的肮脏，仕途上的不得意，治国平天下没有施展的境地。李白感觉满庭都是寂寞，天地间都写满了孤独。如今他一个人在长安，远离家乡亲人。他形单影只，发自心底的孤独。

之前的那股被皇帝贵妃召见的兴奋逐渐消失，他看到了长安城内的丑陋，看到了权贵的庸俗，看到了深宫的不堪。在宫廷猩红的灯光下，波斯的舞女跳着舞蹈，被官员肆意买卖！

李白看到了盛世光鲜的一面，也看到了丑陋的一面。天下之大，他却茕(qióng)茕(jié)孑立，可他内心澄澈，又岂会同流合污？

此时此刻，宁静的夜晚月光如银铺满大地，花草树木影影绰绰，繁花相拥的院子花团锦簇。李白坐在石桌前，独自一人，自斟自饮，身边无亲朋好友相伴。既然无人相伴，那就自得其乐吧！石桌上几碟小菜，一壶美酒，一个酒杯。他时而举杯对月，一饮而尽；时而举杯对影，小酌几口。在月光的照耀下，李白的影子与李白幻化成了两个人。那么就让明月、李白与影子"三人"共乐吧。

好一幅"月下花间独酌图",诗仙李白用他的旷达和洒脱,对月吟出流传至今的千古名作《月下独酌·其一》:

花间一壶酒,独酌无相亲。
举杯邀明月,对影成三人。
月既不解饮,影徒随我身。
暂伴月将影,行乐须及春。
我歌月徘徊,我舞影零乱。
醒时同交欢,醉后各分散。
永结无情游,相期邈云汉。

提一壶美酒摆在花丛间,自斟自酌无友无亲。举杯邀请明月,对着身影成为三人。明月当然不会喝酒,身影也只是随着我身。我只好和他们暂时结成酒伴,趁着美好的春光及时行乐。我唱歌明月徘徊,我起舞身影零乱。醒时一起欢乐,醉后各自分散。我愿与他们永远结下忘掉伤情的友谊,相约在缥缈的银河边。

第四章 扬眉吐气

这些人世间的孤独和苦闷围绕在李白心中,李白借着酒兴,与月对话,同影共舞,但他没有忘记现实的不如意,可是,他不愿束缚自己、不愿同流合污、不愿沉沦,他依然热爱自由,向往光明,那就借着这明月和美酒来抒发自己的孤独苦闷吧,于是借着《月下独酌》娓娓道来。

独自一人饮酒是寂寞的,于是请来明月和影子同饮,可是喝醉之后,明月和影子一定会悄然离去,又会独留他一个人。看来只能远去天上,才能忘情一游了。

月生情,酒浇愁,想象与现实交错其间,一壶美酒,一个影子,一轮月亮,他不孤单。他似乎到了天上,他在天上找到了知己,那就是清澈皎洁的月亮。也只有明月和美酒才是那个洒脱、自由、桀骜、单纯的诗仙李白最真切的知己了吧。

李白的世界,不在地上,而在月中、在酒中。他举杯当歌,尽情燃烧火热的激情,并被他的世界治愈,让他一生充满力量。

被暗算，离别长安

在皇宫里，处处充斥着各种阴谋算计，而像李白这种自由张扬、放荡不羁的性格，注定与宫中规矩格格不入。终于他摔了大跤。

那天在宴会上，李白喝完酒，醉意阑珊中，觉得靴子不舒服，便要求高力士为自己脱靴。高力士见皇帝都要亲自为李白喂醒酒汤，让自己脱靴又算得了什么。于是高力士就给李白脱了靴。但是，又觉得李白在有意羞辱他，一直怀恨在心，决定寻个借口，治治李白，给自己出口气。

这个高力士当时可是皇帝最宠信的宦官，王公大臣都争相巴结他。李白非但不奉承高力士，反而一有机会就捉弄他。

之前李白给杨贵妃作《清平调》，杨贵妃非常喜欢，一天，她沉浸在诗的赞美之中，快乐地哼唱着李白的《清平调》。不料，高力士在一旁冷冷说道："我原以为娘娘

第四章 扬眉吐气

一定对李白恨之入骨,却没想到娘娘竟如此欣赏他。"杨贵妃不解地问高力士:"我为什么要恨李白呢?"高力士不怀好意地说:"李白分明是将娘娘比作汉代的赵飞燕啊!"杨玉环若有所悟,低头不语,从此记恨上了李白。

原来汉代的赵飞燕,出身寒门,原先只是一名宫女,因容貌美丽,体态轻盈,能掌上起舞,深得汉成帝刘骜宠爱,被立为皇后。后来,赵飞燕被贬为庶人,不久即自杀而死。所以赵飞燕被后世看作是一个红颜祸水式的人物。

高力士的谗言、杨贵妃的怨恨,以及李白自己张扬、放浪的性格,让皇帝渐渐疏远了李白。

那天,杨贵妃哭着向皇帝告状:"皇上,李白在诗里骂我下贱,还在骂你呢!"听了爱妃的话,玄宗皇帝心里不舒服起来。想到关于李白的那些风言风语,还有他的散漫没有规矩,以及他最近写的漫游诗,不禁思考了起来。

杨贵妃见皇帝不说话,又委屈地哭诉:"皇上,你把那个轻狂自大的李白杀了吧。"玄宗皇帝哄着杨贵妃,不忍心把这个才华横溢的人杀掉。

第二天早朝的时候,皇帝温和地对李白说:"爱卿,朕读了你最近的一些诗,知道你在皇宫不太开心,想念你的亲人朋友了。既然你的志向不在皇宫,朕也就不留你了。

只是朕知道爱卿爱喝酒，所以赐你黄金万两，作为你的酒资了。朕再给一块金牌，如果你没有酒喝了，就去找当地的官员，拿出这块金牌给他们看，让他们给你钱和酒。"

听皇帝说完，李白一下子就明白了，皇帝要他离开皇宫了，他不能让他像大鹏那样施展才华了，于是就谢恩出朝。

融入不下去，那就离开吧，离开了这个待了一年零五个月的长安。于是李白再次寄托于江月，寄托于清风。但率性而活，狂到极致，拽到极致的李白，又怎么能默默孤僻地离开。

此时，即便全天下的人都在传唱他的诗，但他未必如我们想象的那般志得意满，他感觉自己虽在盛年，然而却不能建立不朽的功业，只能做一位望洋兴叹的诗仙，有些伤感。

44岁的李白，醉酒之后，来到了梁园。在一面墙壁前，带着满腔的不爽和这一年多的不满，写下了一首《梁园吟》。他走后，前朝武则天时期的丞相宗楚客的孙女路过，看了这首诗之后，久久不能释怀，为之倾倒。

第四章 扬眉吐气

我浮黄河去京阙,挂席欲进波连山。天长水阔厌远涉,访古始及平台间。平台为客忧思多,对酒遂作梁园歌。却忆蓬池阮公咏,因吟"渌水扬洪波"。洪波浩荡迷旧国,路远西归安可得!人生达命岂暇愁,且饮美酒登高楼。平头奴子摇大扇,五月不热疑清秋。玉盘杨梅为君设,吴盐如花皎白雪。持盐把酒但饮之,莫学夷齐事高洁。昔人豪贵信陵君,今人耕种信陵坟。荒城虚照碧山月,古木尽入苍梧云。梁王宫阙今安在?枚马先归不相待。舞影歌声散绿池,空馀汴水东流海。沉吟此事泪满衣,黄金买醉未能归。连呼五白行六博,分曹赌酒酣驰晖。歌且谣,意方远。东山高卧时起来,欲济苍生未应晚。

我离开了京城,从黄河上乘船而下,船上挂起风帆,大河中波涛汹涌,状如山脉起伏。航程长,水遥阔,饱尝远游之辛苦,才终于到达宋州的平台,这是古梁园的遗迹。在平台作客依然愁思不断,对酒高歌,即兴来一首《梁园吟》。又感阮籍[4]《咏怀》"徘徊蓬池上"之诗,念及"渌水扬洪波"之句。深感长安与梁园隔着千山万水，道路迢迢，想再重返长安城希望已经不大了。人生要看得开，岂可自寻烦恼？不如登高楼边赏风景边饮美酒。身旁有平头奴子摇着扇子，炎热的五月就如同十月清秋一样凉爽。侍女端上玉盘，玉盘中的杨梅和如雪的吴盐，都是为君所设。

请君持盐把酒，喝个痛决，莫学周朝的伯夷、叔齐空自洁身自好。当初信陵君是何等富贵豪华，而如今他的墓地却荒芜不存，成了百姓的耕地。只剩下了几株老树古木，高耸入云，一轮明月虚照在荒城之上。昔日繁盛一时的梁王宫殿如今安在哉？当年的枚乘和司马相如等人都一个个先后归去了。当年的舞影歌声也都消散于眼前的一池绿水之中，现在所能见到的只有一条汴水空流入海。吟到这里，我不由得泪洒衣襟，未能归得长安，只好以黄金买醉。或呼白喊黑，一掷千金；或分曹赌酒，以遣时日。我且歌且谣，暂以为隐士，但仍然寄希望于将来。就像当年谢安东山高卧一样，一旦时机已到，再起来大济苍生，时犹未为晚也！

李白本是天才，但内心澄澈，他不懂处世之道，更不知人心叵测，放还之后，他开始了十年漫游，转而开始求仙问道，而之前那个治国平天下的梦，好像真的放下了。

第四章　扬眉吐气

在下一个十年，他遇到了杜甫，遇到了高适，有了更多的奇谈。

离开长安的李白，回看浮华半生，借着手中的琼浆玉露，泛舟游于湖中的他，望着明月，好似还是那个洒脱似神仙的诗仙。

注释

［1］贺知章：唐代诗人、书法家。少时就以诗文知名。武则天证圣年间进士，官至秘书监。后还乡为道士，自号"四明狂客"。与张若虚、张旭、包融并称"吴中四士"。代表作品有《咏柳》《回乡偶书》。

［2］刘氏：李白的第二任妻子。距第一任妻子去世一年之后，李白娶了一个刘姓的女人。不久，因为刘氏有些看不起李白，李白愤而离开。

［3］李龟年：唐代宫廷乐师。不仅精通音律，还通晓多种演奏技巧，又擅长作曲。开元初年时李龟年演艺精湛，时常到贵族豪门表演。后来，李龟年和两个兄弟共同创作出《渭州曲》，由此特别受到唐玄宗的赏识。

［4］阮籍：三国魏文学家。"竹林七贤"之一，与嵇康齐名。曾任步兵校尉，世称阮步兵。崇奉老庄之学，政治上则采谨慎避祸的态度。代表作品有《咏怀》《大人先生传》等。

诗词延伸

乌夜啼

黄云城边乌欲栖,归飞哑哑枝上啼。
机中织锦秦川女,碧纱如烟隔窗语。
停梭怅然忆远人,独宿孤房泪如雨。

诗意

黄云城边的乌鸦将要归巢了,归来后在树枝上哑哑地啼叫。在织机中织布的秦川女子,隔着碧绿如烟的纱窗看着窗外喃喃自语。放下织梭,想到远在千里之外的丈夫怅然若失,独守空房,泪如雨下。

诗说

这是一首乐府诗,此诗开头两句写景,描绘出一幅秋晚鸦归图;中间两句写人物身份、身世及所处环境;最后点明秦川女的愁思及其原因。全诗短短六句,既写景色烘托环境气氛，又描绘人物形象和心态，绘形绘声；最后既点明主题，又包含着许多弦外之音，给读者留下想象空间，意味深长。

古风·其二十二

秦水别陇首，幽咽多悲声。
胡马顾朔雪，蹀躞长嘶鸣。
感物动我心，缅然含归情。
昔视秋蛾飞，今见春蚕生。
袅袅桑柘叶，萋萋柳垂荣。
急节谢流水，羁心摇悬旌。
挥涕且复去，恻怆何时平。

诗意

当秦水要与陇山离别的时候，你听听那幽咽的声音充满了悲伤。载着客人离别的胡马，也恋恋不舍家乡的雪花，踏着犹豫的脚步，仰首嘶鸣。目睹这动人的情景，回归故乡之情油然而生。我刚来长安的时候正值秋天，四处飞蛾扑焰；现在已经春天，春蚕开始孵化生长。四野望去，桑叶刚刚萌发小小的绿芽，然而河边的柳树却枝荣叶茂，郁郁葱葱。思乡的心啊，如同摇动不定的旌旗，如同急速的流水，难以平息。梁苑虽好，终须一归，是归不舍，留也无奈，恻怆的心情何时能平静？

诗说

这首诗以"秦水别陇首"为开篇，描绘了一幅悲凉的自然景象。秦水与陇山的离别，仿佛预示着李白的离乡。接着，李白通过胡马对北方雪的留恋，进一步烘托出内心的愁苦和无奈。诗人触景生情，产生归隐之心，表达了对故乡的深深思念。诗中的"昔视秋蛾飞，今见春蚕生"两句，通过季节的变换，暗示了时光的流逝。"袅袅桑柘叶，萋萋柳垂荣"描绘了春天生机勃勃的景象，与诗人内心的哀愁形成鲜明对比。最后四句，诗人直抒胸臆，表达了对羁旅生活的厌倦和对故乡的思念之情。

第五章　再次云游

（744—755）

　　谁也不会想到，从李白脱口而出的第一句起，这场三个朋友的山间小聚，注定被铭记历史，一直被后人长久地向往着。李白的满腔不平和悲愤，借着酒兴抒发得酣畅淋漓。时光流逝，如江河入海一去无回；人生苦短，在朝暮间便青丝白雪。李白是快乐的，也是愁苦的，美酒激荡出他心中汹涌的长啸，让他能够忘却万古的忧思。

超级迷弟"诗圣"登场

李白与杜甫,是大唐诗坛上两颗璀璨的明星,一如"双子座",代表着唐诗的浪漫主义[1]和现实主义[2]的高峰。一个放荡不羁,一个谨守儒道。两位风格截然不同的诗人,却因为偶然的相遇结为好友。这一相遇相交,便是旷世友谊。

李白44岁时,被玄宗皇帝赐金放还。这一年的春夏之交,刚刚经历人生风暴的李白来到洛阳,和杜甫相遇了。当时,李白已经是名动天下的诗坛霸主,杜甫是个籍籍无名的诗坛后辈。他们年龄相差11岁,尽管名声地位相差巨大,但两人一见如故。

这时候的杜甫,在李白的眼中就是一个热爱文学的上进青年;而这时候的李白,在杜甫的眼中就是一个超级偶像男神。李白和杜甫之间的交集,就像是偶像和粉丝之间的感情。杜甫看来,李白狂放的个性,对他有一种吸引力,杜甫深知自己身上最欠缺的就是这样的品质。有了偶像李白的友情，那些生活上的困苦和失意便烟消云散了。

一年前，杜甫曾匆匆见过李白一面。那时的李白，是皇宫里的红人，常常在玄宗皇帝和杨贵妃身边，身边都是皇亲国戚，而那时的杜甫只是刚刚在诗坛崭露头角，和李白的地位名气天差地别，无法和偶像有深入的交流。

此次李白被玄宗皇帝疏远，赐金放还来到洛阳，带着许多失意，正是这种境遇让略显拘束的杜甫有了接近偶像李白的勇气。听说李白到了洛阳，杜甫急不可待地前来拜访。

李白虽然有些失意，心情不佳，但也没有轻视眼前这位默默无名的年轻人。两人的第一次相遇，一番神侃，相谈甚欢。不过因为各自还有事要处理，感觉都没有谈过瘾。于是，两人约好，下一次再会面，一起访道拜仙。

后来他们一同渡过黄河，登上道教圣地王屋山[3]，寻仙访道。而后又顺着黄河东下，同游汴州、宋州。

在宋州，那里的诗人高适[4]也加入进来，三位诗人一起同游。他们饮酒畅谈，登高怀古，三人都对大唐的隐患深感担忧。三人有着说不完的话，在写诗上，他们相互切磋和探讨。这是他们非常快乐的一段时间，也让三人成了好朋友。

李白 45 岁那年秋天，杜甫来到了东鲁地区。李白得知后，从任城赶了回来。这是两人第三次相遇，两人都倍感珍惜。这天，李白和杜甫去拜访一个叫李邕[5]（yōng）的人，这人非常有才华。李白作了一首《上李邕》：

> 大鹏一日同风起，扶摇直上九万里。
> 假令风歇时下来，犹能簸却沧溟水。
> 世人见我恒殊调，闻余大言皆冷笑。
> 宣父犹能畏后生，丈夫未可轻年少。

大鹏一日随风而起，扶摇直上九万里之高。如果在风歇时停下来，其力量之大犹能将沧海之水簸干。世人见我好发奇谈怪论，听了我的大言皆冷笑不已。孔圣人还说后生可畏，大丈夫可不能轻视年轻人啊！

此后，李白准备重访江东，而杜甫要返回长安。这一次的离别之际，杜甫写下了赠别诗《赠李白》，送给自己的偶像——诗仙李白。该诗写道："秋来相顾尚飘蓬，未就丹砂愧葛洪。痛饮狂歌空度日，飞扬跋扈为谁雄？"

李白见此，回赠了一首《鲁郡东石门送杜二甫》：

> 醉别复几日，登临遍池台。
> 何时石门路，重有金樽开？

第五章　再次云游

秋波落泗水，海色明徂(cú)徕。

飞蓬各自远，且尽手中杯！

离痛饮后大醉而别还有几日，我们登临遍附近的山池楼台。什么时候在石门山前的路上，重新有我们在那里畅饮开怀？漾漾的秋波摇荡在眼前泗水，熠熠的海色映亮了远山徂徕。我们就如飞蓬一样各自飘远，且来个淋漓痛快饮尽手中杯！

自从和自己的偶像李白分别后，我们的诗圣杜甫真可谓是日思夜想。此后，他时刻关注着李白的动向，打探偶像的消息。并时不时地给自己的偶像李白写上一首诗，偶尔还想要寄给李白。

我们的诗圣杜甫，绝对是李白的头号粉丝了！他对李白的崇拜和喜欢，可真是发自肺腑的！多情的杜甫把思念写进诗里：《赠李白》《寄李十二白二十韵》《与李十二白同寻范十隐居》《春日忆李白》《冬日有怀李白》《梦李白》《天末怀李白》……不下十余首，每一首都情真意切。

杜甫写道："故人入我梦，明我长相忆""落月满屋梁，犹疑照颜色""三夜频梦君，情亲见君意"。不仅思念担忧李白，还大赞李白的诗歌之高妙，说他"笔落惊风雨，诗成泣鬼神"。《春日忆李白》开头四句写道："白也诗无敌，飘然思不群。清新庾开府，俊逸鲍参军。"在杜甫看来，李白的诗歌无人能比，清新俊逸，卓尔不群，高妙之处令天地鬼神震惊，真的是"谪仙人"啊！

　　李白也同样思念杜甫。多年后，李白又一次游历齐鲁，写下这首《沙丘城下寄杜甫》：

　　　　我来竟何事，高卧沙丘城。
　　　　城边有古树，日夕连秋声。
　　　　鲁酒不可醉，齐歌空复情。
　　　　思君若汶水，浩荡寄南征。

　　我来这里到底有什么事？一直闲居在沙丘城内。沙丘城四周有许多古树，在秋风中日夜发出瑟瑟之声。鲁地酒薄不能让我沉醉，齐地的歌声也空有其情。我对你的思念之情正如这一川汶水，浩浩荡荡地追随着你一同南去。

　　之后，他们各自踏上人生的征途，李白继续仗剑天涯的游历生活，杜甫也开始迎来人生中接连不断的风浪，再也无缘相见。但两人彼此之间心灵的碰撞和对诗歌的感悟一直还在延续。

第五章 再次云游

奇幻的造梦师

45岁的李白,走进浙江的天姥(wǔ)山,希望能够寻访到山野仙踪。它附近还有其他的道教仙山,比如天台山。

这一带在唐代是一个求道的圣地。因为从东晋以来,葛洪的《抱朴子》[6]之类的书就把这里规定为道教的仙山所在。所以去这个地方不仅是看风景,也是为了求道。

传说,南朝宋大诗人谢灵运[7],进了这座山不久就成仙了,可是李白踏遍每座山峰,都没有寻到神仙,在求仙问道的路上,就像做了一场酣梦。

李白曾经好几次来过这里,他在山顶上看到云海,看到蒙蒙大雾的时候,就会想象这是一片汪洋大海,底下有无比巨大的巨鳌出没,这就是李白超凡的想象。"诗仙"脑子里面想到的,无比奇妙,他直接从神话传说里取材,这些风景就有了神奇的力量。

他感觉自己像仙人一样飞了起来。在他玄妙奇异的世界里,也在他天马行空的想象中,李白造了一个无比奇幻

的梦,写下了这首《梦游天姥吟留别》:

海客谈瀛(yíng)洲,烟涛微茫信难求;越人语天姥,云霞明灭或可睹。天姥连天向天横,势拔五岳掩赤城。天台四万八千丈,对此欲倒东南倾。

我欲因之梦吴越,一夜飞度镜湖月。湖月照我影,送我至剡(shàn)溪。谢公宿处今尚在,渌水荡漾清猿啼。脚著谢公屐,身登青云梯。半壁见海日,空中闻天鸡。千岩万转路不定,迷花倚石忽已暝。熊咆龙吟殷岩泉,栗深林兮惊层巅。云青青兮欲雨,水澹澹兮生烟。列缺霹雳,丘峦崩摧。洞天石扉,訇(hōng)然中开。青冥浩荡不见底,日月照耀金银台。霓为衣兮风为马,云之君兮纷纷而来下。虎鼓瑟兮鸾回车,仙之人兮列如麻。忽魂悸以魄动,恍惊起而长嗟。惟觉时之枕席,失向来之烟霞。

世间行乐亦如此,古来万事东流水。别君去兮何时还?且放白鹿青崖间,须行即骑访名山。安能摧眉折腰事权贵,使我不得开心颜!

听海外来客们谈起瀛洲,在烟波浩渺的遥远地方,

第五章 再次云游

实在难以找到。越中来人说起天姥山，在云霞的明灭掩映之间有时候能看见。天姥山高耸入云，连着天际，横向天外。山势高峻超过五岳，遮掩过赤城山。天姥山极为高峻，就连四万八千丈高的天台山，面对着它好像要向东南倾斜拜倒一样。

我想根据越人说的话梦游到吴越，一天夜晚飞渡过明月映照下的镜湖。镜湖上的月光照着我的身影，一直送我到剡溪。谢灵运住的地方如今还在，清澈的湖水荡漾，猿猴清啼。我脚上穿着谢公当年特制的木屐，攀登直上云霄的山路。上到半山腰就看见了从海上升起的太阳，在半空中传来天鸡报晓的啼鸣之声。无数山岩重叠，山道曲折，盘旋变化不定。迷恋着花，依倚着石，不觉天色很快就暗了下来。熊在怒吼，龙在长鸣，岩中的泉水在震响，使深林战栗，使高耸而重叠的山峰震惊。云层黑沉沉的，像是要下雨，水波动荡生起了薄薄的烟雾。电光闪闪，雷声轰鸣，山峰好像要被崩塌似的。仙府的石门，訇的一声从中间打开。洞中蔚蓝的天空广阔无际，看不到尽头，日月照耀着金银做的宫阙。用彩虹做衣裳，将风作为马来乘，云中的神仙们纷纷下来。老虎弹奏着琴瑟，鸾鸟拉着车。仙人们排成列，多如密麻。忽然我魂魄惊动，猛然惊醒，不禁长声叹息。醒来时只有身边的枕席，刚才梦中所见的烟雾云霞全都消失了。

人世间的欢乐也是像梦中的幻境这样，自古以来万事都像东流的水一样一去不复返。告别诸位朋友远去东鲁啊，什么时候才能回来？暂且把白鹿放牧在青崖间，等到要远行时就骑上它访名山。岂能卑躬屈膝去侍奉权贵，让自己不能有舒心畅意的笑颜！

李白这辈子始终有他不能够克服的险阻，他就像一只大鹏，可是当他翅膀扑腾起来以后，总有人把他的翅膀按下来。这段天姥山造梦之旅，李白记录下自己关于天姥山的梦，记录下自己在梦中的所见，记录下那些奇幻的景色，这个梦给了李白情感的抚慰，纾解了他的苦闷和郁结。他对自由有着由衷的赞颂和非常执着的追求。

《梦游天姥吟留别》虽然是一个梦中游，但是它比李白任何一次真实的旅行更容易被人记住，他始终执着地追求着自由、光明、磊落，这就是他对自由的渴望，是"诗仙"李白让我们觉得最迷人的地方。

"安能摧眉折腰事权贵，使我不得开心颜！"经历了那么大的起落，李白心里虽然悲痛，但骨子里的傲气，却不允许他在精神上屈服。这份不屈服的态度，就是我们敬

第五章 再次云游

佩的地方。尽管在艰难生活中，人被现实所欺，却仍旧倔强。经历过坎坷，却仍旧葆有一份勇气，敢与天斗，敢与人争。虽然这份勇气带有几分莽撞，但也足够让我们在被现实欺压时，心中生出万千能量。

李白 47 岁那年，来到了贺知章的老家会稽。但到了之后才得知，这位当年在长安一见面就惊呼他为"谪仙人"的伯乐已经去世。

看到贺家老宅池塘中依然绽放的荷花，走到老先生墓地的大柏树下，李白想起了他们的相遇：五年前，两人初次见面就成了忘年交，兴致勃勃地来了一场畅饮。可酒后却发现谁都没带足够的钱来付这桌酒菜钱，于是贺知章把皇帝赐予自己这位三朝元老的金龟摘下来当酒钱，留下了"金龟换酒"的美谈。

此时，李白心中无限地悲伤，他又失去了一位懂他的人，他一个人走到镇上独饮，为纪念这位忘年友怅然地留下了《对酒忆贺监二首·其一》：

> 四明有狂客，风流贺季真。
> 长安一相见，呼我谪仙人。
> 昔好杯中物，翻为松下尘。

金龟换酒处,却忆泪沾巾。

　　四明山中曾出现过一个狂客,他就是久负风流盛名的贺季真。在长安头一次相见,他就称呼我为天上下凡的仙人。当初是喜爱杯中美酒的酒中仙,今日却已变成了松下尘。每当想起用金龟换酒的情景,不禁就悲伤地泪滴沾巾。

　　你唤我一声"谪仙人",我叫你一声"四明狂客",这段真挚友谊的感情令人动容。

第五章 再次云游

千古第一劝酒词

李白一边漫游,一边寻找救国的机会。但是又过了好多年,他一直没有等到机会。随着时间的推移,他发现朝廷越来越腐败,老百姓的生活一天不如一天。每当想到这些,他的愁绪就增加一分。

李白 51 岁这一年,被好朋友丹丘生邀请至颍阳山的家里做客,一起去的还有另一个好朋友岑勋[8]。

他们在小亭子里赏月喝酒,非常逍遥。在李白看来,和好朋友喝酒是人生最大的快乐,尤其这两位还是他多年不见的好朋友,所以有太多太多话要说。

他们谈起曾经的岁月,那时大家都很年轻,心中充满了理想和抱负,想干出一番大事业;一转眼二三十载,大家都长了白头发,脸上也爬满了皱纹,年轻时的理想都还没有实现,也有人的理想早已经放弃。

他们从白天一直喝到了晚上,丹丘生举杯对着月亮,感慨道:"月亮还是那个月亮,可我们的时光,奔腾流逝去了哪里啊？"

岑勋也跟着叹了一口气，对着两个好友说："人的一生是短暂的，我如今头发都白了，人也老了，再不是以前那个青春少年了。"

李白端起一杯酒，笑了一声，说："那就让我们一饮而尽吧，今朝有酒今朝醉。"

丹丘生看着李白，叹了口气，说："李白，你才华横溢，名扬天下，大家都称你'诗仙'。像你这样的人才都得不到重用，真是太可惜了。"

李白凝重地说："现在的朝廷非常腐败，老百姓的生活很悲苦，其实我的心中一直想为朝廷出力，想为百姓做事。等我老了以后，我也希望像你们一样，隐居在这座山里，过着闲云野鹤神仙般的生活。两位好友，这么美的月色，这么好的美酒，我们不谈这些难过的事了。来，干杯！"李白说着又端起了酒杯，三人一饮而尽。

酒意正浓，李白继续往酒杯里倒满了酒，说："来，再喝一杯！"岑勋觉得李白喝得有点多了，便劝道："不要喝了，喝太多了啊，丹丘生的钱都不够给你买酒喝了。"

李白仰天大笑，甩了甩袖子说："能够解愁的只有这

第五章 再次云游

美酒,让我给二位唱一首劝酒歌吧!我给它起了个名字,叫《将进酒》。"接着他乘兴吟咏:

> 君不见,黄河之水天上来,奔流到海不复回。君不见,高堂明镜悲白发,朝如青丝暮成雪。人生得意须尽欢,莫使金樽空对月。天生我材必有用,千金散尽还复来。烹羊宰牛且为乐,会须一饮三百杯。岑夫子,丹丘生,将进酒,杯莫停。与君歌一曲,请君为我倾耳听。钟鼓馔(zhuàn)玉不足贵,但愿长醉不愿醒。古来圣贤皆寂寞,惟有饮者留其名。陈王昔时宴平乐,斗酒十千恣欢谑(xuè)。主人何为言少钱,径须沽取对君酌。五花马,千金裘,呼儿将出换美酒,与尔同销万古愁。

你没见那黄河之水从天上奔腾而来,波涛翻滚直奔东海,再也没有回来。你没见那年迈的父母,对着明镜感叹自己的白发,年轻时候的满头青丝如今也是雪白一片。人生得意之时应当纵情欢乐,莫要让这金杯无酒空对明月。每个人只要生下来就必有用处,黄金千斤一挥而尽还能够再来。我们烹羊宰牛姑且作乐,一次痛饮三百杯也不为多!

岑夫子和丹丘生啊!快喝吧!别停下杯子。我为你们高歌一曲,请你们都来侧耳倾听。整天吃山珍海味的豪华生活有何珍贵,只希望醉生梦死不愿清醒。自古以来圣贤无不是冷落寂寞的,只有那喝酒的人才能够留传美名。陈王曹植当年宴设平乐观你可知道,斗酒万千也豪饮,让宾主尽情欢乐。主人呀,你为何说我的钱不多?只管买酒来让我们一起痛饮。主人呀,你为何说钱不多?只管买酒来让我们一起痛饮。五花千里马,千金狐皮袭,快叫那侍儿拿去换美酒,我和你们共同消除这万古愁!

李白是诗仙,更是酒仙,喝酒可以说是他人生中最大的爱好,他不光自己喝,也喜欢劝朋友喝,一起享受这美妙时光。《将进酒》这首诗高亢昂扬,壮怀激烈,慷慨悲歌,震烁古今,表现了李白桀骜不驯的性格,他对自己充满自信,孤高自傲;在前途出现波折赐金放还后,他又纵情享乐。而在豪饮中,是他深深的怀才不遇之情。

他知道要面对现实的无奈,学会自我劝解。逆境,止于心境。在难过时,给自己安慰;在伤痛时,给自己掌声。李白的心境一直在提升,便不会一直在苦海里沉沦。

谁也不会想到,从李白脱口而出的第一句起,这场三

第五章　再次云游

个朋友的山间小聚，注定被铭记于历史，一直被后人长久地向往着。李白的满腔不平和悲愤，借着酒兴抒发得酣畅淋漓。时光流逝，如江河入海一去无回，人生苦短，在朝暮间便青丝白雪。李白是快乐的，也是愁苦的，美酒激荡出他心中汹涌的长啸，让他能够忘却万古的忧思。

更让李白痛苦的是，人已老，志未平，他心中的那只雄鹰，永远找不到展翅之地。想到此处，李白悲上心头，只得赶紧劝慰自己："天生我材必有用，千金散尽还复来。"心头烦恼那么多，索性就一醉方休，让这美酒甘醴，来消这万古哀愁。

漫游天地间

李白53岁的秋天，应朋友崔成甫[9]的邀请，一起漫游金陵、宣城、南陵等地。从南陵向西走一百多里，有个秋浦湖。崔成甫说秋浦湖风景秀丽，他们就一起去秋浦游览了。绵延起伏的群山，波光粼粼的湖面，构成一幅美丽的风景画。

他们在这美景中驻足欣赏，聊诗歌，聊人生。走着走着，李白在这宁静的风景中突然听到了金属撞击的声音。李白问崔成甫："这是什么声音？"崔成甫也很疑惑，于是拉着李白去一看究竟。

原来前面是冶炼金属的地方，熊熊燃烧的炉火，照亮了整个天地。有几百个工匠正光着上半身，抡着大锤，砸着巨大的矿石块，风箱里喷出一股紫色的浓烟。他们一边挥汗如雨地劳作，一边放声高歌。

李白见到这一幕，被他们强烈的生命力震撼了，于是大笔一挥，写下了这首《秋浦歌十七首·其十四》：

第五章 再次云游

> 炉火照天地，红星乱紫烟。
> 赧(nǎn)郎明月夜，歌曲动寒川。

炉火熊熊燃烧，红星四溅，紫烟蒸腾，广袤的天地被红彤彤的炉火照得通明。冶炼工人在明月之夜，一边唱歌一边劳动，他们的歌声打破幽寂的黑夜，震荡着寒天河流。

在秋浦玩了十几天，写下了十七首诗，把它们编成了一组《秋浦歌》。

李白来到宣城，宣城也叫宣州，它北面是敬亭山，东面临着宛溪和句溪。正值春天，杜鹃盛开的时节。杜鹃花，也叫映山红，名字的意思就是花开时节把整座山都映红了，而传说杜鹃花红色的花朵是被杜鹃鸟的血染红的。相传，古蜀帝杜宇死后，变成了杜鹃鸟，又叫子规鸟，夜夜发出哀鸣的叫声，一直啼血到五更。李白看到了宣城满山遍野的杜鹃花，映红了整座山冈，又听到了杜鹃鸟的声声啼鸣，不由想起了故乡，想起了他的父母。于是李白就在杜鹃鸟的啼叫声中写出了这首怀乡的小诗《宣城见杜鹃花》：

青天揽月的李白

蜀国曾闻子规鸟,宣城还见杜鹃花。
一叫一回肠一断,三春三月忆三巴。

以前在蜀国时曾听过杜鹃鸟凄恻的鸣啼,没想到如今在异乡宣城,又看到杜鹃盛开。杜鹃鸟鸣叫悲啭,使人愁肠寸断。暮春三月,这鸟鸣花开的时节,心中思念故乡。

宣州的赵太守,听说诗仙李白到来,就在宣州谢朓[10]楼设宴欢迎李白。宴会结束以后,有个叫蒋华的年轻人,主动找到李白,说自己爱读诗、写诗,平日很喜欢李白的诗,听说诗仙是一个人前来,便自告奋勇想给他当向导,自己也可以向李白学习写诗的窍门。

敬亭山在宣州西北面,山势陡峭险峻,云遮雾绕。李白在蒋华的导引下,各骑一匹马来到了山脚下的谢公亭。此时到了谢公亭休息,李白进亭坐在了石凳上欣赏敬亭山的美景。蒋华摘了一大包野桑葚,独自去到宛溪清洗,准备给李白尝尝。这时太阳西斜,山顶上一片云遮雾罩,李白发现眼前这座并不知名的山,就像自己的老朋友,心中涌起感慨,吟出了一首《独坐敬亭山》:

李白行吟图 南宋·梁楷

中国国家博物馆藏

李白像（据故宫南薰殿藏品摹绘）

第五章 再次云游

> 众鸟高飞尽,孤云独去闲。
>
> 相看两不厌,只有敬亭山。

山中群鸟一只只高飞远去,天空中的最后一片白云也悠然飘走。敬亭山和我对视着,谁都看不够,看不厌,看来理解我的只有这敬亭山了。

接着李白又在别的地方游玩,不久他回到了宣城,在宣城的谢朓楼上,他想起了谢朓。

在李白的心中,谢灵运和谢朓是他敬仰的两个人物,因为他们的文采、诗歌好,还有就是他们的仕途比较成功,这两人也都有隐居的志向,成为李白向往追求的目标。

而李白想到自己的理想还没有实现,胸中的愁苦迸涌而出,在谢朓楼上,李白挥手写下了这首诗《宣州谢朓楼饯别校书叔云》:

> 弃我去者,昨日之日不可留。乱我心者,今日之日多烦忧。长风万里送秋雁,对此可以酣高楼。蓬莱文章建安骨,中间小谢又清发。俱怀逸兴壮思飞,欲上青天揽明月。抽刀断水水更流,举杯

消愁愁更愁。人生在世不称意，明朝散发弄扁舟。

弃我而去的昨天，早已不可挽留。扰乱我心绪的今天，使人无限烦忧。长风吹过了几万里送来秋雁，面对此景，正可以开怀畅饮酣醉高楼。校书您的文章颇具建安风骨，而我的诗风，也像谢朓那样秀朗清发。我们都满怀豪情逸兴，飞跃的神思像要腾上高高的青天，去摘取那皎洁的明月。拔刀断水水却更加汹涌奔流，举杯消愁愁情上却更加浓烈。人生在世不能称心如意，不如明天披头散发，登上长江一叶扁舟。

本来李白有着远大的抱负和崇高的理想，可是现实的污浊和黑暗却一再地压抑他，于是大自然的壮丽景观就成了他寄托思想感情的对象。而今面对长风万里，秋雁南飞，自己的心情便有了一种难得的爽快。李白是酒中仙，有如此美景的触发，岂能不畅饮一番？因此"酣高楼"就成了必然的宣泄方式，可以借此解脱一下自己心中的郁闷，希望达到"借酒浇愁"的目的。

漫游天地间，一片惆怅心。谢朓楼上，54岁的李白对长安是极度思念的，他那颗壮志未酬、报国无门的心依旧炽热滚烫。

狂热粉的"骗局"

李白已经55岁了,多年来游历祖国大好河山的他满腔抱负却不得志,实在是意难平,在怅惘之下甚至有了隐居起来不问世事的打算。

此时的汪伦是一名小小的县令,但是他的家族势力非常庞大,殷实的家底让汪伦过上了富裕的生活,他平生的三大兴趣爱好,分别是喝酒、赏美景、读李白的诗。当时李白名扬天下,汪伦非常仰慕,简直就是李白的狂热粉丝。他非常留恋桃花潭的美景,卸任后,特意将家迁到了宣州泾县桃花潭畔。

汪伦到了宣州泾县,由于生性豪放,喜欢结识朋友,仗义疏财,在当地也成了一位名士。这天,汪伦听说李白寄居在南陵族叔李阳冰[11]家,便欣然写了一封信到担任过当涂县令的李阳冰府上,邀请李白来自己家中做客。

作为李白的狂热粉丝,汪伦太了解李白了,他知道李白挚爱美酒与桃花,对李白的《山中问答》等诗也是倒背如流："桃花流水窅然去，别有天地非人间。"在信中，汪伦诚挚地邀请李白到桃花潭一游，汪伦在信中还说这里有十里桃花，这里有万家酒店。

李白接到信，一听有十里桃花、万家酒店，果然心动了，很高兴地来到了汪伦所说的地方。面对这位名满天下的偶像，汪伦也是盛情款待，他陪同李白一起游览了泾县的名胜古迹和山水风景。

游览的过程十分愉快，但李白没有发现汪伦信中所说的十里桃花和万家酒店，于是李白按捺不住心中的好奇，就问汪伦信中所说的十里桃花和万家酒店在哪里？

汪伦笑着解释道：这里并没有真正的桃花，"桃花"其实是一个潭水的名字；这里并没有真正的万家酒店，"万家"只是一个酒店的名字，因为店主人姓万，所以叫万家酒店。

李白听后哈哈大笑起来，不仅没有生气，倒也觉得很有趣，其实不是汪伦故意要骗李白，而是太喜欢大诗人了，担心李白不会到他的庄园做客，于是就采用这种方法将他邀请至泾县的。

在汪伦的庄园里，环境优雅，景色秀美，汪伦盛情款待李白，他搬出用桃花潭水酿成的一坛坛美酒款待李白数日，在这样轻松愉悦的环境里，他们一起聊诗歌、喝酒、聊理想，两人把酒言欢，对酒当歌，相处非常融洽。李白也是出了名的豪放之人，与汪伦情投意合，两人很快成为很好的朋友。

但是天下没有不散的筵席，李白打算离开了。李白乘舟启程，汪伦给他赠送了名马八匹，锦缎十匹，还亲自将他送至桃花潭渡口。就在李白登船的时候，汪伦在岸边唱起了送别的歌，跳起了送别的舞蹈。李白和汪伦互相道别，说着彼此珍重的话语。汪伦目送李白乘坐的船渐行渐远，最后消逝在水天相接的地方。

"粉丝"汪伦的热情相邀与踏歌相送让李白心中无比温暖，面对此情此景，想到汪伦的真情厚谊，李白当即作诗一首《赠汪伦》，赠给汪伦，表达汪伦对自己的盛情款待和两人之间的深厚友情：

李白乘舟将欲行，忽闻岸上踏歌声。
桃花潭水深千尺，不及汪伦送我情。

我正乘上小船刚要解缆出发，忽听岸上传来悠扬踏歌之声。看那桃花潭水，纵然深有千尺，也比不上汪伦送我之情。

想不到汪伦精心策划的一场"骗局",竟然诞生了千古绝唱,也让原本籍籍无名的"粉丝"汪伦成为名扬后世的至情至性之人。

注释

[1]浪漫主义:浪漫主义诗歌侧重从内心世界出发,抒发对理想世界的热烈追求,常用热情奔放的语言、瑰丽的想象和夸张的手法塑造形象。李白是唐代伟大的浪漫主义诗人。他的诗,既豪迈奔放,又清新飘逸,而且想象丰富,意境奇妙,语言轻快,人们称他为"诗仙"。

[2]现实主义:现实主义诗歌大多数是以同情民众的疾苦,揭露社会腐朽昏庸为主题的,彰显的是诗人的家国意识、忧国忧民心态。杜甫是唐代伟大的现实主义诗人,他的诗歌被誉为"诗史",透过具体的现实主义作品可以感知当时的社会情况。

[3]王屋山:王屋山位于山西省垣曲县和河南省济源市间,东依太行,西接中条,北连太岳,南临黄河,是中国名山之一,也是道教十大洞天之首,道教主流全真派圣地。

[4]高适:唐代边塞诗人,曾任刑部侍郎、散骑常侍,封渤海县侯,世称高常侍。高适与岑参并称"高岑",后人又

第五章 再次云游

把高适、岑参、王昌龄、王之涣合称"边塞四诗人"。

［5］李邕：唐代书法家。李邕少年即成名，初为谏官，历任郡守，官至汲郡、北海太守，人称"李北海"。工文，善书，尤擅以行楷写碑。

［6］《抱朴子》：东晋时期葛洪所著，分为内外篇，后来被作为道教经典。其中《外篇》主要是对葛洪生平的自述和谈论社会上的各种事情，而《内篇》是葛洪对道家思想和丹道修炼方法的阐述。

［7］谢灵运：南朝宋诗人、文学家、旅行家。谢灵运善于用富丽精工的语言记叙游赏经历、描绘自然景物，多有形象鲜明、意境优美的佳句，对唐代的诗歌发展有一定的影响。唐代大诗人李白对谢灵运颇为推崇，曾有"吾人咏歌，独惭康乐"之句。

［8］岑勋：《将进酒》里的"岑夫子"，李白经常往来的好友，在李白的诗歌中也常常见到的名字。李白写给这位好友的诗有《送岑征君归鸣皋山》《酬岑勋见寻就元丹丘对酒相待以诗见招》《鸣皋歌送岑征君》等。

［9］崔成甫：李白好友。开元中进士及第，任秘书省校书郎，转冯翊县尉，后摄监察御史。曾同在金陵、宣城一带漫游，互有诗作赠答。写有《赠李十二》诗，李白写给这位好友的诗有《赠崔侍郎》、《酬崔侍御》等。

［10］谢朓：南齐诗人，与山水诗人"大谢"谢灵运同

族,世称"小谢",谢朓和谢灵运合称"二谢"。谢朓诗歌的主要成就在于山水诗创作。谢朓以其清逸流丽、工细自然的诗笔,描写了以宣城为中心的皖南山水,对谢灵运以来的山水诗作了新的开拓和发展。

[11]李阳冰:唐代文学家、书法家。李白族叔,宝应元年,为当涂令,主编李白诗集《草堂集》并为序。他在序言中除对李白的家世、生平、思想、性格、交游等情况作了扼要记述外,同时对李白的著述情况和诗文成就作了高度评价。

诗词延伸

登金陵凤凰台

凤凰台上凤凰游,
凤去台空江自流。
吴宫花草埋幽径,
晋代衣冠成古丘。
三山半落青天外,
二水中分白鹭洲。
总为浮云能蔽日,
长安不见使人愁。

诗意

　　凤凰台上曾经有凤凰来悠游,凤凰飞走后留下这座空台,只有江水依旧奔流不息。吴宫里繁茂的花草埋着荒凉小径,晋代多少王公贵族已化为一座座坟墓。远处矗立的三山,好像有一半是在青天之外,白鹭洲把江水一分为二。总有奸臣当道犹如浮云遮日，长安望不见心中郁闷长怀愁。

诗说

　　这首诗虽然咏古迹，然而字里行间却流露出对自身的感慨。开头两句写凤凰台的传说，点明了凤去台空，六朝繁华，一去不返。三、四句就"凤凰台"进一步发挥，东吴、东晋的一代风流也进入坟墓，灰飞烟灭。五、六句写大自然的壮美，对仗工整，气象万千。最后两句，面向唐都长安现实，暗示自身报国无门，十分沉痛。

　　《登金陵凤凰台》充溢着一股浑厚博大之气，它使李白观古阅今，统揽四海于一瞬，且超然物外、挥洒自如。后人评此诗，多与崔颢的《黄鹤楼》并论。

第六章　获罪流放

（755—762）

"两岸猿声啼不住，轻舟已过万重山。"至此，官场的失意，世情的冷暖，李白都一一释然。人生，再也没有比释然更高的境界了。那些岁月的伤痛，早已随着李白内心的强大，慢慢得到了治愈。很多曾以为过不去的坎，等熬过去了，再蓦然回首，心中已过万重山。

一心报国的老人家

　　大唐出现在多少文人的梦境里，又留在多少人的笔墨下，大唐帝国张开它巨大的帆，势头不可阻挡，它经过一个个优秀能干的皇帝，以民为本的太宗李世民，开疆拓土的高宗李治，以及一代女皇武则天，每一位帝王都以不同的姿态留名青史，现在正是大唐玄宗皇帝执政，他前半生励精图治、勤勤恳恳创造了空前繁荣的"开元盛世"。

　　对此时的盛况，杜甫在《忆昔·其二》中回忆道："忆昔开元全盛日，小邑犹藏万家室。稻米流脂粟米白，公私仓廪俱丰实。九州道路无豺虎，远行不劳吉日出。"可以看出，当时是多么的繁荣昌盛。

　　可玄宗皇帝老了之后，和刚登基时有挟山超海之志不同，不管朝政，只图享乐，天天和杨贵妃喝酒取乐，夜半在长生殿，醉生梦死。白居易在《长恨歌》写过"春宵苦短日高起，从此君王不早朝"，杜牧在《过华清宫》写过"一骑红尘妃子笑，无人知是荔枝来"，他极度享乐，沉

第六章 获罪流放

浸在自己创造的盛世幻影里,看不到大唐帝国的即将坍塌。

李白55岁那年,即755年,他担心的安史之乱,来了。

安禄山从范阳起兵,15万大军浩浩荡荡南下,势如破竹。一夜之间,大唐陷入了空前的劫难。洛阳被占领了,安禄山的叛军一路烧杀抢掠,刀光剑影之下,地上血流成河,到处都是尸体。没过多久,京城长安也被占领了。沉浸在天下太平幻想中的玄宗皇帝,不得不接受这突如其来的变故。

玄宗皇帝带着杨贵妃等人,逃往巴蜀。当逃到一个叫马嵬坡的地方,杨国忠被愤怒的士兵们杀死了,有一个大将军对玄宗皇帝说:"杨国忠这个大奸臣死有余辜,贵妃娘娘是他的堂妹,如果不把贵妃正法,士兵们就无心给你保驾了。"众怒之下,玄宗皇帝只好将杨贵妃赐死。

战争一路蔓延,战火也烧到了黄河边上,李白放心不下家里,就急匆匆地赶回家,把妻子和儿女接了出来,逃往江南避难。虽然李白逃过了劫难,但是一路过来,看到天下百姓惨遭杀戮,流离失所,大地上白骨成山,一片哀号。李白忧心忡忡,他恨透了反贼安禄山,这个安禄山让国家变得如此破败。他早看出来安禄山要造反,三番五次告诉地方的官员，让他们上报皇上，他们都没有报。大唐的江山就要毁在安禄山反贼手里了。

安禄山一开始在玄宗皇帝心目中，可是一位智勇双全、百战百胜的将军，是大唐的擎天玉柱。安禄山叛乱？那是不可能的！

这安禄山确实是个厉害的人物。

他是少数民族人，因为办事利落，得到玄宗皇帝的赏识。他花很多钱贿赂了李林甫[1]，李林甫就在玄宗皇帝面前说了他很多好话，玄宗皇帝就更信任他了，让他驻守边境。有一次，玄宗皇帝让他去见太子，安禄山故意不给太子行礼，别的人指责他，他却说："我不知道还会有太子，我只知道天下有陛下，陛下能活一万年。"玄宗皇帝一听，非常高兴。

为了讨好玄宗皇帝，他强烈要求做皇帝宠妃杨贵妃的"养儿"，每次见皇帝，总是先拜贵妃，然后拜玄宗皇帝，并巧辩说："胡人的习俗是先母后父。"玄宗皇帝被逗得很开心，不得不说，他对玄宗皇帝与杨贵妃的心思拿捏得很精准！

他特别擅长用肉麻的话拍马屁，安禄山体胖、肚子大，有一次，玄宗皇帝问他肚子中装了些啥，他答道：

第六章　获罪流放

"没有多余的东西，只有一颗对皇上的赤诚忠心。"玄宗皇帝被他的"一片赤诚"感动，又升了他的官，还给他建造了当时最豪华的房子。虽然如此，安禄山还是不知足，他想当皇帝。他看到唐朝的军队日益松懈，而玄宗皇帝年纪也大了，天天只知道享乐。于是他天天在边境练兵，终于在这个春天起兵叛乱了。

这段时间，李白心都操碎了，他心想：要是我有军队，我一定带领着精兵强将把安禄山这群反贼杀得片甲不留，让天下回归盛世，让受苦的老百姓重新安居乐业。他太困了，想着想着就忧愁地睡着了。醒来后，有人前来传话说，附近有一位万巨[2]大人邀请李白到他的府上喝酒。

这位万巨，是李白的老朋友，外号叫"扶风豪士"。李白应邀向万巨的家里走去。他的心里充斥着对安禄山的恨意，装着大唐所有的黎民百姓。到了万巨的家，两人开怀痛饮，诉说着现实的苦恼。

李白对万巨说："现在国难当头，我的志向还没有实现，我真应该好好干一番大事业，为国家做贡献！"李白激动地说着，吟起《扶风豪士歌》来：

洛阳三月飞胡沙，洛阳城中人怨嗟。

天津流水波赤血，白骨相撑如乱麻。
我亦东奔向吴国，浮云四塞道路赊。
东方日出啼早鸦，城门人开扫落花。
梧桐杨柳拂金井，来醉扶风豪士家。
扶风豪士天下奇，意气相倾山可移。
作人不倚将军势，饮酒岂顾尚书期。
雕盘绮食会众客，吴歌赵舞香风吹。
原尝春陵六国时，开心写意君所知。
堂中各有三千士，明日报恩知是谁？
抚长剑，一扬眉，清水白石何离离。
脱吾帽，向君笑。饮君酒，为君吟。
张良未逐赤松去，桥边黄石知我心。

此时的李白虽然已是老人家了，可是救国救民的雄心壮志依然坚定，他激动万分，那颗心脏都要从胸膛里跳出来了，眼睛里闪出一道道亮光。他觉得自己还没有老，还可以带领着千军万马驰骋沙场，一定要把安禄山杀了。

李白虽然想为国家的安定，为老百姓能够过上安宁的好日子鞠躬尽瘁死而后已，但是在这纷乱的尘世，李白自己也马上就要遭遇大难了。

第六章　获罪流放

噩梦降临获大罪

56岁那年的暮春，李白终于在庐山上隐居下来了。这一隐居，就达半年之久。

虽然是隐居，李白始终坚持每天练剑、修道，还有就是饮酒作诗，可现在李白喝酒，喝的是满满苦涩的味道。他心里仍记挂着被战火摧残得流离失所的百姓，牵挂着岌岌可危的大唐。

自己空有一身武艺，空有满腹经纶，可没有用武之地，没有报效国家的地方，也没有拯救于危难的机会。那种悲愤和无助，喝再多的酒，也是悲从中来。

李白的心里依然渴望为大唐建功立业，只是没人用他，玄宗和肃宗根本就没想用李白。在他们看来，李白只是一个会耍酒疯的书呆子，只能空谈国家大事。不过有一个人却想到了李白，他就是永王李璘，玄宗第十六子，肃宗的弟弟。

听说大名鼎鼎的诗仙就隐居在附近的庐山上，正在南方积极招揽人才的永王李璘，立即派出使者，再三请他出山。使者看出李白表面是一个隐居的高士，内心却放不下济世情怀，想学东晋名士谢安，关键时刻出来救苍生、建功业。使者说永王李璘要平定叛乱、收拾河山。李白听完，觉得自己在跟随李璘建立不世之功后，就可以功成身退，深藏功与名了。

于是，本身就想建功立业的他最终被永王的行为所感动，真是苍天有眼，人生过半，还有报效国家的机会，理所应当不能错过。李白就像热血青年般一股豪气冲天，认为永王就是他的伯乐，就这样怀着自认为的远大抱负进入了永王幕府。

这时候，56岁的李白感觉人生焕发了第二春。一生中，除了42岁那年，他奉玄宗皇帝之诏入长安供奉翰林，恐怕再没有如此时这般意气风发的记忆了。

李白就这样义无反顾地把自己投入了一场本已避开的暗战，他没看出这是永王和肃宗的明争暗斗，觉得跟着永王就可以恢复大唐江山。军中的气氛感染着李白，在永王豪华的船舱里，他的心情激动万分，心中的诗意呼之欲出，几天之内，充满激情地创作了《永王东巡歌十一首》：

第六章 获罪流放

其一

永王正月东出师,天子遥分龙虎旗。

楼船一举风波静,江汉翻为雁鹜(wù)池。

其二

三川北虏乱如麻,四海南奔似永嘉。

但用东山谢安石,为君谈笑静胡沙。

其三

雷鼓嘈嘈喧武昌,云旗猎猎过寻阳。

秋毫不犯三吴悦,春日遥看五色光。

其四

龙蟠虎踞帝王州,帝子金陵访古丘。

春风试暖昭阳殿,明月还过鳷(zhī)鹊楼。

其五

二帝巡游俱未回,五陵松柏使人哀。

诸侯不救河南地,更喜贤王远道来。

其六

丹阳北固是吴关,画出楼台云水间。

千岩烽火连沧海,两岸旌旗绕碧山。

其七

王出三山按五湖,楼船跨海次扬都。

战舰森森罗虎士,征帆一一引龙驹。

其八

长风挂席势难回,海动山倾古月摧。

君看帝子浮江日,何似龙骧(xiāng)出峡来。

其九

祖龙浮海不成桥,汉武寻阳空射蛟。

我王楼舰轻秦汉,却似文皇欲渡辽。

其十

帝宠贤王入楚关,扫清江汉始应还。

初从云梦开朱邸,更取金陵作小山。

其十一

试借君王玉马鞭,指挥戎虏坐琼筵。

南风一扫胡尘静,西入长安到日边。

《永王东巡歌十一首》歌颂了永王的军队纪律严明,百姓都夹道欢迎,从而大大鼓舞了永王军队的士气,让永王更加自命不凡,趾高气扬了。激烈的战争,似乎就要在诗仙浪漫狂放的诗句中旗开得胜了,他无比期待着永王东行的楼船，可以马上跨过大海，直捣安史叛军的老巢。

可是，对平叛安禄山充满了必胜信念的李白，怎么也想不到，在两个月后，自己竟然会成为反贼中的一员。因为当时李白在永王幕府里给李璘大唱《永王东巡歌十一首》，肃宗就把他的名字写上了黑名单。永王李璘兵败后，李白成了叛贼，被关进了监狱。

因为重情重义曾被李白救过的大唐名将郭子仪也加入到对李白的营救中，郭子仪的面子不能不给，肃宗大笔一挥，下令赦免了李白的死罪，李白这才侥幸在刀下捡回一条命。但肃宗转念一想，死罪可免，活罪难逃，最后的决定却是将他流放至夜郎[3]。

仰天长啸，烈酒一壶，李白更愿意日日醉入梦中。

好运从天而降

自从登上永王李璘的楼船,李白的理想和抱负在两三个月内就被迅速燃尽,余生抱着一堆灰烬,四顾茫然。他一遍遍地解释,一次次地找人,落笔皆是满腹悲苦的诗句。

那个被公认为"谪仙人",为人潇洒、诗风豪逸的李白"仙气"已然离他而去,他像个掉落凡间的孩子,惊恐无措。权力的斗争强行加给他罪名,给他带来了牢狱之灾和名声的受辱,让他痛苦不堪。这位大唐盛世的狂士,变成了一个国人皆曰可杀的反叛者。

此时的李白已经 59 岁,要流放夜郎,自己年纪这么大了,路途又艰险,可想而知,这一路肯定是凶多吉少。李白真是身体也苦,心里也苦,欲哭无泪,他想着自己才刚刚从军两个月,怎么就稀里糊涂成谋反的了呢?还要被流放到这么艰险的地方。

在唐代那个人均寿命不到 50 岁的年代,此时的李白已

第六章 获罪流放

经算是垂暮之年,生逢动荡,还要去那山高路远、尚未开化的南蛮之地。可以想象,此时的李白已经做好了一去不回、客死他乡的准备。

当时他还在浔阳,距离夜郎有千里之遥,不过好在有长江。在陆地交通成本很高的年代,水路是相对节省的。李白要坐船从浔阳逆流而上,经过武昌、江陵、巫山进入蜀地,再千回百转,才能抵达夜郎。

李白这一路上穿着囚服,戴着枷锁,真是度日如年。都说患难见真情,在流放途中,好些朋友想尽办法来相见。其中有一个人比李白还难受,那就是杜甫。

杜甫和李白分别之后,一直感激李白对于自己在诗歌创作上的引导和启发,虽然辗转去了长安,但在心里一直惦念着李白。他也发现,正直的人那会儿已经找不到报效国家的机会了,一时之间又不知道去向何方。无奈之下,只得飘在长安。

后来,安史之乱爆发,杜甫也逃离长安城,听说肃宗当了皇帝,他赶紧前去投奔,被肃宗任命为七品左拾遗。

没想到当官没几天,就听说李白卷入了永王李璘一案被捕入狱。杜甫心急如焚,赶紧想办法营救。

他写文章替李白解释辩白,也托了不少人,怎奈自己职位卑微，没有银子去打点，所以毫无办法，还因此得罪了不少人。后来杜甫不得不弃官而去，带着家人入蜀避难。杜甫对李白非常牵挂，写了不少诗表达自己的担心。

经过一年多时间的颠簸，流放的终点夜郎就快到了。就在三峡白帝城附近，一则喜讯传来，朝廷因为遭遇大旱，大赦天下。

赦令中说，天下现禁的囚徒，死罪从流，流罪以下，一切赦免。忽然收到赦免的消息，年届六旬的李白如出笼之鸟，归渊之鱼，欣喜若狂，他立即调转船头，顺水向东。刚到江陵的李白，有感而发，还不忘把激动的心情抒发在《早发白帝城》里：

朝辞白帝彩云间，千里江陵一日还。

两岸猿声啼不住，轻舟已过万重山。

这首诗写出了李白内心的欣喜和轻快，一种如释重负的轻松感，跃然纸上。本来被流放夜郎，抛妻别子，漫漫长路，前途渺茫，心灰意冷。可就在他万念俱灰的时候，柳暗花明，峰回路转，忽然遇赦，得以归家。此情此景，诗人内心的激动、轻松，劫后余生的欣慰，一时间，所有

第六章 获罪流放

复杂的情感一起涌上心头,全诗虽寥寥 28 个字,但酣畅淋漓,清新自然,一气呵成。

江陵虽然不是故乡,但是此时的李白历经艰险,经必死之局又焕发生机,他那自由洒脱、放荡不羁的个性在被赦的这一刻又展现得淋漓尽致,而这首诗就更像是李白的自由宣言了。

"两岸猿声啼不住,轻舟已过万重山。"至此,官场的失意,世情的冷暖,李白都一一释然。人生,再也没有比释然更高的境界了。那些岁月的伤痛,早已随着李白内心的强大,慢慢得到了治愈。很多曾以为过不去的坎,等熬过去了,再蓦然回首,心中已过万重山。

伴月而去

安史之乱还没有结束，国家依然破败不堪，山河依旧满目疮痍。

此时的李白已62岁了，他看到家园再度遭到侵犯，心中悲愤无比，只想拿起他的长剑，把反贼全部杀光，夺回他的家园。

当时李光弼[4]受命率兵南下收复失地，李白想投奔李光弼，上阵杀敌，保家护国。满头白发、身体虚弱的他，在家里怀着激动的心情，把宝剑磨得特别锋利。他还准备了一套盔甲。穿上盔甲拿起长剑，他觉得自己还是那个意气风发的少年。

可是，还没有见到李光弼，他就病倒在了路上，只好回到金陵养病。病越来越重，762年，卧床不起的李白，用尽最后的力气，将自己的生平手稿交给了族叔李阳冰。

李白是怎么死的？历来众说纷纭，没有一个确切的说法。

第六章 获罪流放

在酗酒而死、病重而死和捉月而死这三种说法中，最广为流传也是最受大家认同的，竟然是看起来最不着调的第三种。

可李白不就是那样吗？不着调、自由、狂放、潇洒、浪漫、传奇、惊风雨泣鬼神，正是这些，构成了那个要上青天揽月的李白。

传说李白穿上宫锦袍，拿出仅存不多的银钱，租了一艘船，在当涂江畔饮酒，采石矶下吟诗。他一边纵酒自乐，一边高诵起了过往的得意诗作，傲然自得，旁若无人。也许是冥冥之中的指引，他携酒泛舟江上，伫立在船头，看向江面的倒影中，自己满头白发，心中浮起丝丝哀伤。

那个曾经衣袂飘飘的白衣少年如今已经成了花甲老人，出川时立下的豪言壮语如今也没有一一实现。这些虽然叫人感伤，好在他的知己月亮还在，他又饮下一口酒，目光搜寻着月亮。

半醉半醒的时候，他望到江心有一轮皎洁的明月，明月晶莹透亮，李白心里喜爱极了，他先倒一杯清酒邀月，再满一杯自饮。痛饮一杯，开始热血奔涌，再饮一杯，已神思飞扬，就连水中的白玉盘也蒙眬了起来，仿佛正在对他招手。蒙眬中,李白义无反顾,忘情地纵身一跃……

"扑通"一声过后,船家回头看,船头上已经没了李白的身影,只剩一片粼粼水波……

于是,李白"死了"。

那晚之后,有人说,李白是醉中捞月而死,还有人说,李白并没死,他只是骑鲸仙去了。

再后来,那一带的人们逐渐统一了说法,他们称李白是"醉中捉月,骑鲸仙去"!

浪漫的李白,在人们的口口相传中,就这样浪漫地死去了。

毫无疑问,"醉中捉月,骑鲸仙去"与"醉死""病死"是有着极大不同的。人们相信前者,而忽略后面两个,是因为大家认为,浪荡不羁的李白是在种种规矩下,不断进行反抗力竭而死的,这是一种曲高和寡的死法,是一种孤勇者的死法,是一种浪漫的死法。

传奇浪漫一生的李白,应当以这样的方式谢幕。无关真假,只因他本就是仙。

诗仙李白,或许从未离我们远去。他只是在一个洒满清辉的月夜,悄悄入梦,去寻找他的故乡了。

梦里,皓月清辉,不再只是人间理想。

第六章 获罪流放

他一生碰壁，碰出了伟大的艺术，碰出了他不屈的品格。最后在被疾病折磨生命的尾声，他写出了一生中最悲壮的绝笔《临路歌》：

大鹏飞兮振八裔，中天摧兮力不济。
馀风激兮万世，游扶桑兮挂左袂(mèi)。
后人得之传此，仲尼亡兮谁为出涕。

大鹏奋飞啊振翅于八方荒原之地，然而半空中却被狂风摧折了羽翼啊，已经力量不济。所遗留之风可以激励千秋万世。东游扶桑树啊，挂住了我的左边衣袖。后人得此消息定会把它传扬出去，然而仲尼已经仙逝了啊，还有谁能像当年他痛哭麒麟那样，为大鹏之死而痛哭流涕？

李白在青年时期曾经写过一篇气势恢宏的《大鹏赋》，文中他把自己比作大鹏，乘风而起，逆风直上，振动双翅的时候，五岳为之震动，百川为之激荡。他向世人展现了他那豪放不羁、潇洒快意的形象，表现了他壮志凌云、伟大抱负的气魄理想。

这只志在千里的大鹏孵化自庄子的《逍遥游》[5]，它赋予了独属诗仙的浪漫色彩，李白觉得自己就像遨游在天地间的大鹏，远大志向在心头汹涌澎湃。从《大鹏赋》到《临路歌》，李白身上的自信从未丧失，他即使在闭眼前那一刻，仍然相信自己的才华能够扶摇直上九万里，自己能和圣人孔子成为知己。这是他的自信，到头来没有成功施展抱负，只是因为他向往的大唐无人信他用他，所以才成为遗憾。

而现在，李白觉得自己被摧折了翅膀，再也不能飞起来了，最终在无情的天地间，耗尽了最后一丝能量，言语之中饱含着无尽的苍凉和感慨。他想追求的无论是成仙还是做官，渴望发挥才干，建立一番事业的期望却始终没有实现。他从来没有放弃过自己的理想，然而他最终留下的，除了这些故事和诗歌以外，似乎什么都没有。他一边深信后人对自己的逝去会无限惋惜，另一边慨叹后人是否会真正地读懂他。

他也许不会想到，自己生前虽然没有做成大官，遗憾离场，但他却给后世留下了无数不朽的作品。这些诗歌就像大鹏展翅所产生的余风，始终激荡着我们，让我们感到震撼，让他的去世，也随之蒙上了一层浪漫的色彩。

李白是自由和浪漫的化身，每一个中国人的心中，都有一个地方住着李白。即使我们没有李白的狂傲，也可以尽力靠近他的洒脱和不羁。

李白的一生，说他时运不济，他却潇洒过了一生，收获粉丝无数，还凭诗歌千古留名。

今天的我们，还在诵读着他的作品，探寻着他的一生，祭奠着他的逝去。

岁月悠悠，老去和死去，是我们无法绕开的历程。别忧愁，也别恐惧，时光流逝，带不走的是那颗青天揽月的少年心和从容明净的明月魂。

注释

[1]李林甫：是玄宗时期在位时间最长的宰相。他大权独握，蔽塞言路，排斥贤才，导致纲纪紊乱，还建议重用蕃将，使得安禄山做大，被认为是使唐朝由盛转衰的关键人物之一。

[2]万巨：李白的朋友，博学多才，广有交游，不愿为官。唐玄宗时秘书郎钱起曾向朝廷举荐，但他辞官不就。"大历十才子"中的韩翃、卢纶等人都与他交往并有诗歌相赠，李白与其相识于长安。其后万巨隐居泾县。李白在宣城曾登门拜访，写有《扶风豪士歌》《早过漆林渡寄万巨》《赠豪士词三十韵》，万巨也写下了《酬李太白》。

[3]夜郎：汉时我国西南地区古国名。经营农业，曾建立

地方政权,有"夜郎自大"之说。今在贵州省西北部及云南、四川二省部分地区。

[4] 李光弼:唐代大将,用兵谋定而后战,能以少击多。曾任河西节度副使、朔方节度副使等职。肃宗时拜河东节度使,与郭子仪进攻河北,收复十余郡,平定安禄山叛乱。

[5]《逍遥游》:《庄子》的首篇,在思想上和艺术上都可作为《庄子》一书的代表。全文想象丰富,构思新颖,雄奇怪诞,汪洋恣肆,字里行间洋溢着浪漫主义精神。

愿少年读过的诗词，藏于心间，照亮人生。